Presentada a:

____

Por

____

En

____

Grandes sueños y oraciones poderosas

Biblia ilustrada

Mark Batterson

con Glenys Nellist

Ilustraciones de Omar Aranda

Unilit

Publicado por
Unilit
Medley, Florida 33166

Primera edición 2020

Título del original en inglés:
Big Dreams and Powerful Prayers Illustrated Bible
Publicado por *Zonderkidz*, un sello de *Zondervan*
Grand Rapids, Michigan 49546

Traducción: *Nancy Pineda*
Diseño del interior: *Kris Nelson/StoryLook Design*

Producto: 493820
ISBN: 0-7899-2532-X / 978-0-7899-2532-9

Categoría: Niños / Historias bíblicas
Category: Kids / Biblical Stories

Impreso en China
Printed in China

A mi mamá y mi papá:

Algunos de mis primeros recuerdos son de las historias de la Biblia que ustedes me leyeron a la hora de dormir. Esas historias penetraron en mi subconsciente, convirtiéndose en el semillero de grandes sueños y oraciones poderosas. Dios permita que este libro haga por otros lo que esas historias hicieron por mí.

MB

Dedicado a mi madre.

OA

Querido lector:

Algunos de mis primeros recuerdos son de los libros de historias de la Biblia que mis padres me leyeron cuando era niño. Algunas de esas historias sellaron mi imaginación, ayudándome a tener sueños del tamaño de Dios. Otras historias se introdujeron en mi subconsciente, cápsulas del tiempo de la gracia y la bondad de Dios. De cualquier manera, esas historias bíblicas moldearon para siempre mi forma de pensar, mi forma de vivir.

Tengo una teoría: *con el tiempo, nuestros versículos favoritos de las Escrituras se convierten en el guion de nuestras vidas*. A medida que vivimos las promesas de Dios, esos versículos se convierten en las historias de nuestra vida. Y nuestra vida se convierte en una trama secundaria en la narración que Dios ha estado escribiendo a lo largo de la historia.

Una de esas tramas secundarias es una historia poco conocida sobre Honi, un hombre que se hizo conocido como «el hacedor de círculos» debido a una oración valiente que realizó. Inspirado por los profetas que le precedieron, Honi ejerció una fe similar a la de Elías cuando una sequía amenazó con destruir a su pueblo.

Honi trazó un círculo en la arena reseca y juró que no dejaría ese círculo hasta que lloviera. Aunque era un hombre viejo, la fe infantil de Honi y su total confianza en las promesas de Dios salvaron a una generación de judíos, la generación anterior a Jesús.

Mi oración por cada niño que lea estas historias es una revelación de que ellos, al igual que los personajes de la Biblia y los Honi de este mundo, representan un papel único en la historia de Dios. Jesús es el «autor» de nuestra fe, y si le damos el total control editorial de nuestras vidas, Él escribe historias increíbles a través de nosotros.

Mi oración por todos los padres es que «vuelvan a ser como niños» una vez más. ¡Que las historias les recuerden la fidelidad de Dios mientras extienden su fe!

Bendiciones,

Mark Batterson

Antiguo Testamento

Nuevo Testamento

Antiguo Testamento

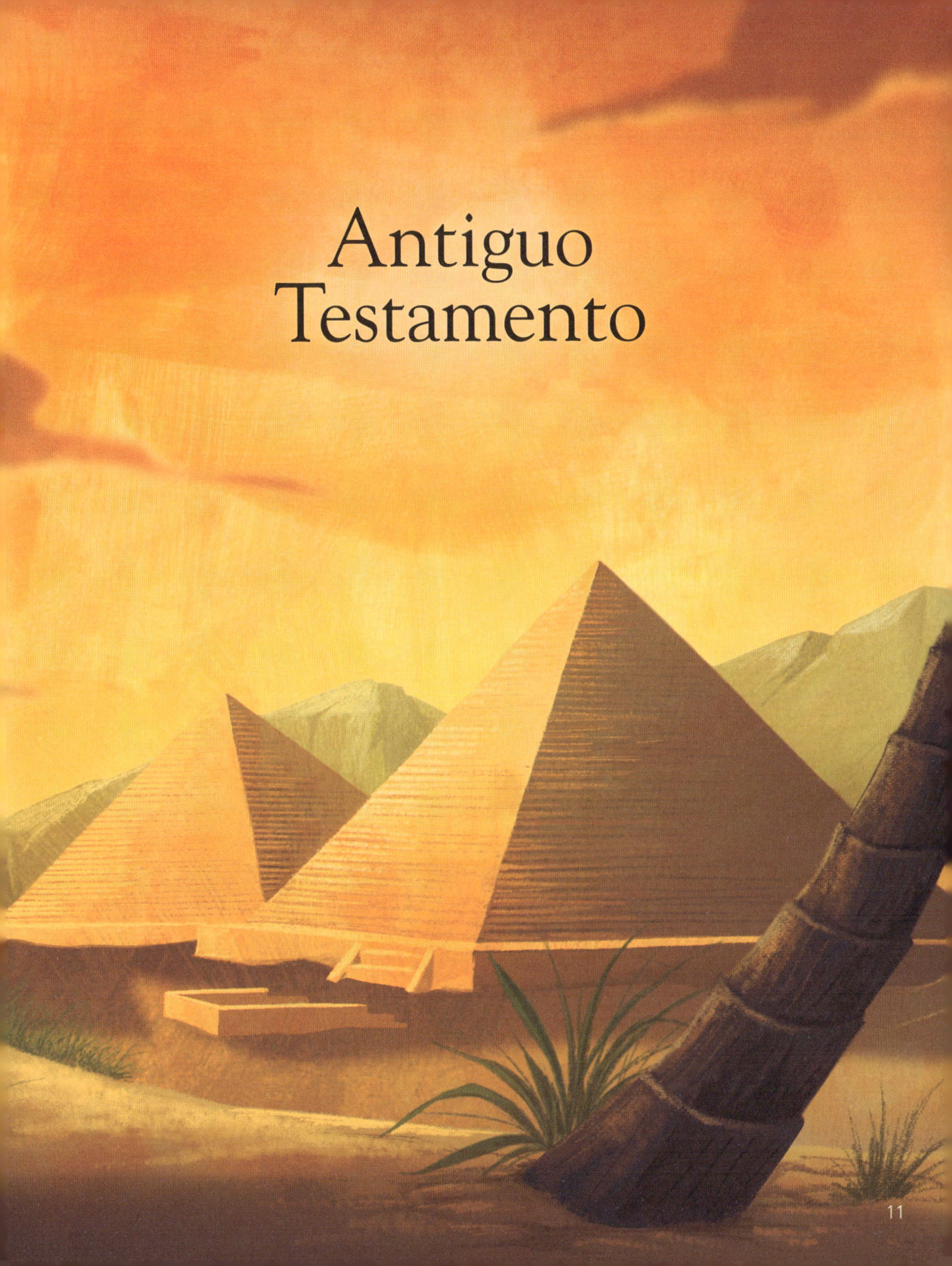

En el principio

GÉNESIS 1–2

En el principio, no había nada que ver: ni giraba la tierra en el espacio, ni brillaba el sol, ni parpadeaban las estrellas, ni se asomaba la luna. Solo había oscuridad. Pero en la oscuridad se movía algo. No podías verlo ni podías escucharlo, pero estaba allí. El espíritu de Dios estaba flotando, preparándose para crear el mundo.

En la oscuridad, Dios habló. Solo dijo cuatro pequeñas palabras. Sin embargo, esas cuatro pequeñas palabras tenían el poder de crear algo de la nada:

«¡Que exista la luz!».

Y entonces sucedió el milagro. Al oír la voz de Dios, la oscuridad se fue volando. Una brillante luz danzaba y se arremolinaba a medida que llenaba el espacio de calor.

Mientras la obra de Dios continuaba, las montañas se elevaban desde las profundidades para tocar los cielos, los mares crecían y rugían, y los ríos reían mientras corrían. Dios aplaudió con deleite, ¡era muy bueno!

Los pájaros volaban alto por el viento de este maravilloso mundo que creó Dios. Las criaturas se arrastraban, saltaban y se deslizaban por la tierra; los peces se zambullían en las profundidades. La tierra estaba llena de los colores, sonidos y movimientos de la vida.

En el jardín del Edén, fantásticos frutos colgaban de los árboles; la hierba crecía alta y verde; las flores asentían al viento y llenaban el aire de perfume. Después de cinco días ocupados, Dios tenía todo en su lugar. El mundo estaba listo para sus hijos.

Dios se inclinó, recogió polvo con sus manos y le dio vida a Adán; luego, mientras Adán dormía, creó a Eva. «Miren», dijo, cuando cada uno de sus hijos abrió los ojos. «Les doy todo esto».

Adán y Eva corrían descalzos por el jardín, tomados de la mano y riendo. Cada día, veníanan y hablaban con Dios. Y el creador del mundo los cuidaba con orgullo. Eran suyos, estaban bendecidos y eran buenos.

MOTIVO DE ORACIÓN

¡Hay poder en la oración!

Desde que Dios creó a Adán y Eva, Él ha querido hablar con sus hijos. ¡El creador del universo también quiere hablar contigo! Nada hace sonreír más a Dios que cuando te escucha orar y hablar con Él. Y hay mucho que aprender sobre la oración leyendo la Biblia. Desde la primera página hasta la última, la Biblia está llena de historias sobre personas que hablaron con Dios, escucharon su voz y aprendieron del poder de la oración. Tanto si sus oraciones se susurraban a puerta cerrada o se gritaban en las calles; si se hacían en voz alta o en silencio; si su oración era un grito por ayuda o un canto de alabanza, todas estas personas descubrieron la misma verdad maravillosa: Dios escucha cada oración y responde a cada clamor. El mismo Dios que se movía sobre el mundo al principio de la creación también se mueve sobre tu vida, velando por ti, listo para hablar contigo y mostrarte lo poderosas que pueden ser las oraciones. ¿Estás preparado?

Querido Dios:
¡Es una emoción increíble saber que tú, el creador del universo, quieres hablar conmigo! Quédate a mi lado mientras leo este libro. Ayúdame a escuchar tus palabras a través de sus páginas y a aprender más sobre el poder de la oración.
Amén.

Reconozcan que el Señor es Dios; él nos hizo, y somos suyos.

SALMO 100:3

En el jardín

GÉNESIS 3

Amanecía en el jardín del Edén. Temprano por la mañana, Eva salió a dar un paseo. El sol se elevaba en lo alto del cielo y sus rayos brillaban sobre la fruta que colgaba del árbol en medio del jardín. ¡Se veía muy buena! Qué pena que Dios les hubiera dicho a ella y a Adán que no la comieran.

—Fíjate, su sabor es tan delicioso como parece —dijo una voz astuta.

Eva se volvió para ver una gran serpiente enrollada alrededor de un árbol cercano.

—Estoy segura de que sí —respondió Eva—. Pero Adán y yo no podemos comerla. Dios nos dijo que no lo hiciéramos. Si la tocamos, moriremos.

—¡Tonterías! —siseó la serpiente mala—. No morirán. Si comen la fruta, serán como Dios.

Eva extendió la mano y arrancó la deliciosa fruta del árbol. Le dio vuelta en su mano, la olió, se la llevó a la boca y le dio un pequeño mordisco.

Luego, le dio un pedazo a Adán. Al instante, supieron que algo andaba mal. El sol parecía desaparecer detrás de las nubes. Sombras oscuras se extendían por el jardín. Adán y Eva sintieron frío. ¿Por qué comieron esa fruta? ¿Cómo podrían hablar con Dios ahora? Se deslizaron detrás de un árbol y esperaron.

—¿Dónde estás? —la voz de Dios sonó clara y nítida en el fresco de la tarde. Sus palabras resonaban sobre los árboles iluminados por la luna mientras caminaba en silencio por el jardín. Dios estaba buscando a sus hijos.

En cambio, Adán y Eva se quedaron donde estaban. Sabían que nunca debieron comer esa fruta. Adán sentía temor, pero sabía que tenía que hablar con Dios. Y así, reuniendo valor, tomó a Eva de la mano y salieron de detrás del árbol.

—Estamos aquí, Dios —dijo Adán—. Te escuchamos llamar. Pero teníamos miedo.

—¿Comiste la fruta que te dije que no comieras? —la voz de Dios tembló y su corazón se llenó de tristeza cuando Adán y Eva lo miraron.

¿Qué pasaría ahora? ¿Dios dejaría de amarlos? ¡NO! ¡Eso nunca sucedería! Dios nunca podría quitarles su amor. Adán y Eva eran más preciosos para Él que las joyas. Ellos eran para quienes Dios hizo el mundo entero; para los que pintó el cielo; para los que cultivó el jardín; para los que creó con su propio aliento.

Dios se inclinó, tomó con dulzura a sus hijos y los cubrió con ropa abrigada. Antes de que tuvieran que abandonar el jardín para siempre debido a su pecado, susurró con suavidad: «Nunca dejaré de amarlos».

Las puertas del jardín del Edén estaban cerradas. Adán y Eva nunca pudieron encontrar el camino de regreso allí. Pero el camino al corazón de Dios estaba abierto. Siempre podrían encontrar el camino de regreso a Él.

MOTIVO DE ORACIÓN

La oración es siempre el camino de regreso a Dios

¿Sabías que la oración es siempre el camino de regreso a Dios? Cada vez que hagas algo que sabes que no está bien, díselo a Dios. Nunca tengas miedo de hablar con Él. Dios está esperando saber de ti cuando has hecho algo malo; cuando has hecho algo bueno; en los momentos felices y en los tristes. Y es cuando hablas con Dios que descubres lo maravilloso que Él es de veras. Dios es un gran Dios que no solo perdona, sino que le encanta cumplir sus promesas, responder a las oraciones, realizar milagros y hacer realidad los sueños para tu vida. Habla con Dios, Él está preparado y esperando.

Querido Dios:
Gracias por poder hablar contigo de cualquier cosa,
en cualquier momento y en cualquier lugar.
Amén

Vendrán y orarán a mí,
y yo los escucharé.

JEREMÍAS 29:12, RVA-2015

En la lluvia

GÉNESIS 6:8—8:22

Noé se rascó la barba. Miró su caja de herramientas y no pudo evitar preguntarse si *de veras* Dios le dijo que construyera un gran barco. Noé nunca había navegado en su vida. No había lagos ni mares cerca. Sin embargo, Noé *conocía* a Dios. Hablaba con Dios todos los días. Y si Dios le decía que construyera ese enorme barco, lo haría, sin importar lo tonto que pareciera.

Noé puso manos a la obra. Todos los días y noches, el sonido de la madera serrada y el martillo golpeando los clavos resonaban sobre las colinas y los valles alrededor de la casa de Noé. Con mucho cuidado, Noé siguió cada una de las instrucciones de Dios hasta que, por fin, un día terminó su enorme y maravilloso barco.

—Estamos listos, cariño —le gritó Noé a su esposa.

—¿Listos para qué? —le respondió ella.

—¡Listos para llenar el arca con animales! —le dijo Noé con una sonrisa—. Debemos hacer espacio para dos de cada tipo de animal y ayudarlos a entrar en el arca. Dios va a enviar un poderoso diluvio sobre la tierra para limpiarla. Pero no te preocupes. Estaremos a salvo dentro.

Así que Noé, su esposa y su familia se pusieron a trabajar. Dentro del arca los animales trotaban, se arrastraban, volaban y se deslizaban; hasta que un día, se abrieron los cielos y cayó la lluvia.

Dios cerró la puerta del arca cuando las poderosas aguas subieron y cubrieron toda la tierra. Durante cuarenta largos días y cuarenta largas noches, cayeron las lluvias. Dentro del arca, Noé esperó, y esperó, y esperó. Noé sabía que Dios cumpliría su promesa. Sabía que él y su familia estarían a salvo.

Y entonces, un día, se detuvo la lluvia. Dios abrió la puerta del arca y todos salieron a una tierra nueva y limpia. Todos los animales desaparecieron en los bosques y los campos, listos para construir un nuevo hogar para ellos. Entonces, lo primero que construyó Noé no fue una casa. Noé construyó un altar a Dios, donde hizo un sacrificio quemado a Dios. Y en lo alto del cielo, sobre la cabeza de Noé, Dios desplegó un enorme y brillante arcoíris. «Nunca volveré a inundar la tierra», susurró Dios. Y Noé, que *siempre* escuchaba a Dios, sonrió.

MOTIVO DE ORACIÓN

Obedece a Dios, aunque te parezca tonto

Si alguien te preguntara de qué se trata la oración, ¿qué dirías? ¿Le dirías que la oración es un momento en el que hablamos con Dios? Así es. Pero la oración también es un momento en el que nos habla Dios. Por eso es muy importante que escuchemos. ¿Qué crees que habría pasado si Noé no hubiera escuchado a Dios y seguido sus instrucciones? ¿Y si no hubiera construido ese barco porque le parecía una tontería? Noé, en cambio, escuchó y obedeció. Mientras oras, trata de escuchar, esperar, confiar y seguir la dirección de Dios, incluso si te parece tonto.

Querido Dios:
Cuando paso tiempo contigo, ayúdame a no hablar tanto.
Ayúdame a escuchar, en lo profundo de mi corazón,
lo que podrías susurrarme. Luego, ayúdame a obedecer.
Amén.

Dichosos más bien [...] los que oyen la palabra de Dios y la obedecen

LUCAS 11:28

Bajo las estrellas

GÉNESIS 15:1–6

Abram fue uno de los mejores amigos de Dios. Hablaba con Dios todos los días, escuchaba a Dios y seguía todas sus instrucciones. Abram confiaba en Dios lo suficiente como para dejar su hogar atrás y caminar a través de desiertos, campos y bosques para encontrar el nuevo hogar que Dios tenía para él. Sin embargo, ahora que terminaron sus viajes, Abram se sintió triste. ¿Qué les esperaba en el futuro? Dios todavía no le había dado lo que quería: un hijo.

El sueño de Abram y su esposa Sarai era tener un muchachito. Sin duda, un bebé no era pedir demasiado. Aun así, todavía no eran padres, y Abram no sabía por qué.

—No tengas miedo, Abram —le dijo Dios—. Soy como un fuerte escudo a tu alrededor; soy tu gran premio.

Abram no estaba convencido.

—Lo siento, Dios —dijo Abram—. ¿Pero qué puedes darme, ya que ni siquiera puedes hacer realidad mi pequeño sueño? En realidad, Sarai y yo queremos un hijo. Pero no tenemos ninguno. No me has dado hijos. ¿Mi criado heredará todo lo que tengo?

—Ven afuera conmigo, Abram —fue la respuesta de Dios.

Estaba oscuro afuera. El cielo nocturno estaba vivo con un millón de estrellas parpadeantes que danzaban sobre la cabeza de Abram.

—¿Puedes contar esas estrellas, Abram? —le preguntó Dios.

—¡Claro que no! —se rio Abram.

Era imposible. ¡Nadie podría contar tantas estrellas!

—Bueno, ¿adivina qué? —le dijo Dios con un brillo en los ojos—. ¡Tampoco podrás contar a todas las personas de tu enorme familia! Tu nuevo nombre será Abraham, que significa *padre de una multitud*. El nuevo nombre de tu esposa será Sara. Y no solo les daré a ti y a Sara un hijo. Les daré nietos y nietas, bisnietos y tataranietos. Un día, ¡*tu* familia será la familia más grande y maravillosa del mundo entero!

Abraham aplaudió encantado. Y aunque él y su esposa tenían casi cien años, si Dios prometía que tendrían un hijo, Abraham lo creería.

Ahora bien, ¿qué crees que pasó? Un día, ¡Sara y Abraham tuvieron un bebé! Lo llamaron Isaac, cuyo nombre significa *risa*. ¡Ese bebé crecería para tener dos hijos propios y doce nietos! La familia de Abraham siguió creciendo y creciendo, hasta que un día, el hijo más famoso que el mundo haya conocido jamás nació en la familia de Abraham. Ese hijo fue Jesús. Dios tomó el sueño pequeño de Abraham y lo convirtió en el sueño de Dios. Y los sueños del tamaño de Dios son siempre los mejores que se pueden tener.

MOTIVO DE ORACIÓN

¡Los sueños del tamaño de Dios son los mejores!

¿Tienes sueños para tu vida? Cuando cierras los ojos, ¿qué esperas para el futuro? Sea lo que sea, ¡Dios tiene un sueño más grande, mejor y mucho más maravilloso para ti! Mientras le oras a Dios, pídele que te muestre cuál podría ser su sueño para ti. Pídele que te ayude a descubrir todos los sueños y planes maravillosos que tiene para ti, ¡porque los grandes sueños de Dios para ti son increíbles!

Querido Dios:
Gracias por los maravillosos sueños
y planes que tienes para mí.
Ayúdame a descubrir cuáles son.
Amen.

Yo sé muy bien los planes que tengo para ustedes.

JEREMÍAS 29:11

En el desierto

GÉNESIS 28:10–22

Era de noche. El enorme sol anaranjado se ocultó detrás de las montañas, dejando un brillo caliente y ardiente en el suelo del desierto. El nieto de Abraham se alegró. Quizá ahora pudiera descansar. Jacob había estado corriendo todo el día, tratando de escapar del hermano que engañó. Es posible que ahora nunca pudiera volver a casa.

La oscuridad cayó mientras Jacob intentaba dormir. ¡Qué lugar tan horrible era este! El viento seco del desierto azotaba a su alrededor mientras apoyaba la cabeza sobre la piedra dura. Era lo único que podía encontrar como almohada.

Al cerrar los ojos, vio algo que no podía creer. Las nubes sobre su cabeza se abrieron, y una enorme escalera dorada descendió del cielo y tocó el suelo. Los ángeles subían y bajaban por la escalera, y en la parte superior de la escalera dorada estaba el mismo Dios. Y entonces, como si eso no fuera lo suficiente asombroso, Dios habló.

«Jacob, yo soy el Dios de tu abuelo, Abraham; el Dios de tu padre, Isaac. Un día, volverás a tu tierra. Te daré toda la tierra en la que estás acostado. Tu familia será la más grande, mejor y más maravillosa del mundo entero. Confía en mí. Cumpliré mis promesas».

Jacob saltó de alegría. ¡Reconoció esa promesa! ¡Esa fue la misma promesa que Dios le hizo a su abuelo Abraham muchos años atrás! Al fin y al cabo, Dios estaba aquí mismo, en el desierto. Jacob se quitó el manto, se levantó, tomó la piedra que usó como almohada y la convirtió en un monumento. Vertió aceite sobre la piedra, luego se arrodilló en la arena y oró. «Dios asombroso, sé que estás en este lugar. Gracias por estar conmigo en este viaje y por cuidarme. Tú eres mi Dios. Gracias por ser un hacedor de promesas y un cumplidor de promesas. Amén».

Muchos años después, Jacob volvería a su tierra y arreglaría las cosas con su hermano. La familia de Jacob creció y se hizo grande, tal como Dios dijo que lo haría. Dios cumplió su maravillosa promesa. Debido a que siempre lo hace.

MOTIVO DE ORACIÓN

Dios es *tu* hacedor de promesas y *tu* cumplidor de promesas

Una de las cosas más maravillosas de Dios es que está en *todas partes*. Al igual que Dios estuvo en el desierto con Jacob, Dios está *contigo*. Dondequiera que vayas, sin importar lo que pases, Dios está cuidando tu vida, esperando para cumplir sus promesas. Dios es *tu* hacedor de promesas y *tu* cumplidor de promesas. Y eso significa que puedes hacer que la oración de Jacob sea *tu* oración también.

Maravilloso Dios:
Sé que estás en este lugar.
Gracias por estar conmigo en este viaje
y velar por mí. Tú eres mi Dios.
Gracias por ser un hacedor de promesas
y un cumplidor de promesas.
Amén.

No te abandonaré hasta cumplir con todo lo que te he prometido.

GÉNESIS 28:15

Alrededor del fuego

ÉXODO 4, 3:1–12

Todo estaba tranquilo en la ladera de la montaña. El único ruido era el sonido del viento que susurraba entre los árboles y el crujido de las hojas. Moisés se apoyó en su vara de pastor y observó a las ovejas mientras mordisqueaban la hierba. Por el rabillo del ojo, Moisés vio algo naranja y rojo que danzaba en la distancia. ¡Una zarza estaba ardiendo! Moisés caminó rápidamente hacia la zarza. Estaba cubierta de llamas, ¡pero las hojas seguían verdes! Y de repente, de la zarza ardiente salió una voz.

—¡Moisés! ¡Moisés! Quítate los zapatos. Estás pisando tierra santa. Yo soy el Dios de tu padre, el Dios de Abraham, de Isaac y de Jacob.

Moisés apenas podía creerlo... ¡Dios le hablaba en medio del desierto a través de una zarza ardiente! Moisés se inclinó en seguida, se quitó las sandalias y se cubrió los ojos. ¿Qué podría querer Dios de él?

—Tengo un trabajo especial para ti, Moisés —le dijo Dios—. Voy a enviarte a Egipto, donde tienen como esclavos a los israelitas. Ve a ver al faraón, el rey, y dile que deje ir a mi pueblo. *Te* escogí para que lo saques de Egipto.

Moisés casi se desmaya de miedo. ¿Cómo podía hacer lo que le pedía Dios? El faraón era fuerte, poderoso y cruel, con un corazón tan duro como la piedra. Moisés era un humilde y tranquilo pastor.

¿Cómo podría esperar cambiar el corazón del faraón? Moisés hizo una pregunta tras otra. ¿Qué pasaría si los israelitas no creían que Dios lo había enviado? ¿Y si confundían sus palabras? ¿Y si todo salía mal? Al final, Moisés solo dijo:

—No puedo hacerlo.

Sin embargo, ¿sabías que cuando decimos *No puedo*, Dios dice *Yo puedo*?

—Moisés —le dijo Dios en voz baja—, *yo* estaré contigo. *Te* daré las palabras que debes decir. *Te* enseñaré lo que debes hacer.

Moisés dejó de hablar y empezó a confiar. Dejó de hacer pucheros y comenzó a orar. Mientras esas llamas anaranjadas parpadeaban y danzaban alrededor de la zarza, Moisés supo que lo que él *no podía* hacer, Dios *sí lo podía* hacer.

Moisés recogió sus sandalias, se las puso en los pies y partió hacia Egipto. Él no caminaba solo. Dios, el único que podía hacer todas las cosas, caminaba a su lado.

MOTIVO DE ORACIÓN

Lo que no podemos hacer nosotros, Dios sí lo puede hacer

¿Qué dirías si Dios te pidiera que hicieras algo que crees que no puedes hacer? ¿Tendrías preguntas para Dios como las que hizo Moisés? Por supuesto que las tendrías. Entonces, si Dios nos pide que hagamos algo, sin importar lo difícil que sea, tenemos que confiar. Necesitamos orar. Y cuando confiamos y oramos, sucede algo asombroso. Llegamos a comprender que lo que *nosotros* no podemos hacer, Dios sí lo *puede* hacer.

Querido Dios:
Gracias por mostrarme que no hay *nada* que tú no puedas hacer.
Ayúdame a confiar en ti, a orar mucho y a trabajar duro,
así seré capaz de hacer todo lo que me pidas.
Amén.

Para Dios todo es posible.

MATEO 19:26

Junto al mar

ÉXODO 14

Moisés cerró los ojos y trató de no entrar en pánico. Hacía menos de un año que se paró frente a la zarza ardiente, temblando y aterrorizado. Sin embargo, el miedo que sintió ese día no era nada comparado con esto. ¿Cómo Dios los iba a salvar a él y a los israelitas ahora? ¡Estaban atrapados! Detrás de ellos se encontraba el enorme ejército del faraón: más de seiscientos carros y miles de soldados. Frente a ellos se extendían las profundas y poderosas aguas del mar Rojo. No había escapatoria.

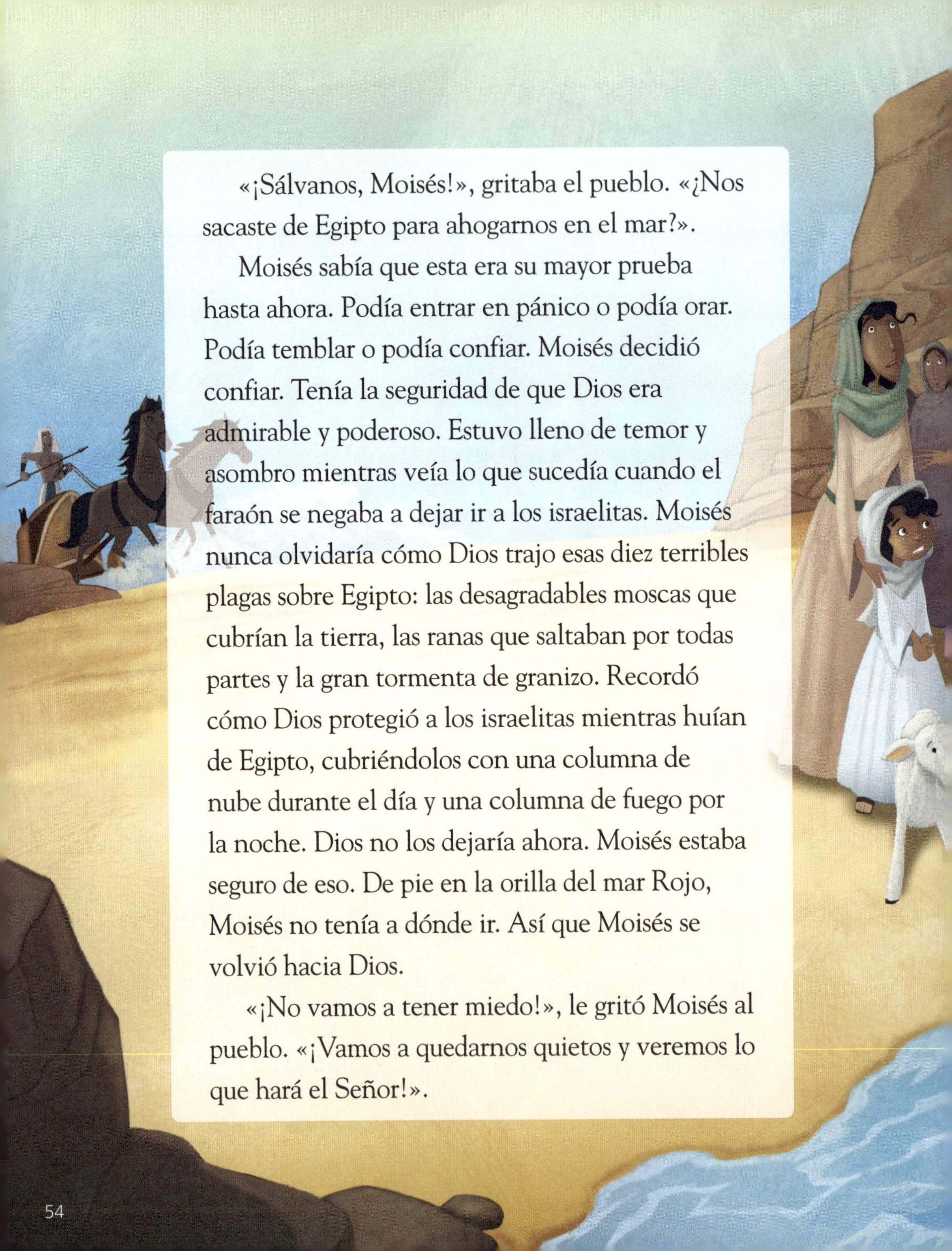

«¡Sálvanos, Moisés!», gritaba el pueblo. «¿Nos sacaste de Egipto para ahogarnos en el mar?».

Moisés sabía que esta era su mayor prueba hasta ahora. Podía entrar en pánico o podía orar. Podía temblar o podía confiar. Moisés decidió confiar. Tenía la seguridad de que Dios era admirable y poderoso. Estuvo lleno de temor y asombro mientras veía lo que sucedía cuando el faraón se negaba a dejar ir a los israelitas. Moisés nunca olvidaría cómo Dios trajo esas diez terribles plagas sobre Egipto: las desagradables moscas que cubrían la tierra, las ranas que saltaban por todas partes y la gran tormenta de granizo. Recordó cómo Dios protegió a los israelitas mientras huían de Egipto, cubriéndolos con una columna de nube durante el día y una columna de fuego por la noche. Dios no los dejaría ahora. Moisés estaba seguro de eso. De pie en la orilla del mar Rojo, Moisés no tenía a dónde ir. Así que Moisés se volvió hacia Dios.

«¡No vamos a tener miedo!», le gritó Moisés al pueblo. «¡Vamos a quedarnos quietos y veremos lo que hará el Señor!».

El problema era que Moisés no sabía lo que Dios iba a hacer. Y tampoco lo sabía nadie más. Sin embargo, a Dios le encanta sorprendernos de maneras inesperadas.

«Moisés, extiende tu vara sobre el mar», le ordenó Dios. Tan pronto como Moisés extendió su brazo, un fuerte viento del este comenzó a soplar sobre las aguas. Mientras Moisés observaba con asombro, se abrió un camino justo en medio del mar y los israelitas se pusieron en marcha para escapar del faraón y su poderoso ejército. En cuanto el pueblo de Dios cruzó con seguridad al otro lado, el agua volvió a correr y los carros desaparecieron bajo las olas.

Los israelitas estaban a salvo. Moisés confió en Dios, y Dios intervino en el momento justo. Esa noche, los israelitas cantaron, festejaron y danzaron de alegría. Y temprano por la mañana, emprendieron su viaje hacia la tierra prometida. Dios estaba de su lado, y nada podía detenerlos.

MOTIVO DE ORACIÓN

Quédate quieto

¿Te imaginas lo aterrador que fue para Moisés pararse a orillas del mar Rojo cuando parecía que no había escapatoria? En cambio, Moisés sabía que había hecho todo lo que podía, el resto dependía de Dios. A veces, después de orar por una situación y hacer todo lo que podemos, solo tenemos que estar quietos y ver lo que hará Dios. A nuestro gran Dios, que puede hacer un camino a través del mar, le encanta hacer cosas que nunca esperamos. Entonces, cuando no tengas a dónde ir, acude a Dios. Quédate quieto. No te asustes, solo ora; no tiembles, solo confía. Y prepárate para sorprenderte.

Querido Dios:
Ayúdame a recordar que puedo acudir a ti y confiar en ti en cada situación. Ayúdame a estar quieto y a estar atento a las cosas sorprendentes que harás.
Amén.

Así que no se muevan de donde están, y verán la grandiosa señal que el Señor va a realizar ante los ojos de ustedes.

1 SAMUEL 12:16, DHH

Alrededor de la ciudad

JOSUÉ 6

Cuanto más se acercaban los israelitas a Jericó, más pequeños se sentían. No había forma de que pudieran entrar a esa ciudad. ¡Los muros eran enormes! Las puertas grandes y sólidas estaban cerradas con llave, así que nadie entraba y nadie salía. En cambio, su líder, Josué, se negaba a tener miedo. Mientras miraba los enormes muros, Josué pensaba en todas las maravillosas palabras que le susurró Dios.

Nunca te dejaré, Josué. Sé fuerte y valiente. Iré contigo a este nuevo lugar, y donde sea que pongas tu pie, la tierra será tuya. Ya te di esta ciudad.

¡Qué increíble! Josué podía estar seguro de que Jericó pertenecería a los israelitas, porque Dios ya se las había dado. Solo tenía que convencer a la gente de eso.

«¿Cómo vamos a entrar ahí, Josué?», gritaron los israelitas. «¡Necesitamos un ariete!». Pero Josué sonrió. No necesitaban esa máquina militar. Solo necesitaban oración.

«Vamos a marchar alrededor de la ciudad y a tocar las trompetas», dijo Josué, mientras los israelitas le miraban asombrados. «Y sin hablar».

Josué dio el primer paso y todos los demás lo siguieron. Los israelitas marcharon alrededor del muro. Y cada día, durante seis días, dieron vueltas alrededor de la ciudad una vez, sin hacer siquiera el más mínimo ruido. Sin embargo, las trompetas seguían sonando y Josué seguía adelante. Sabía que con cada paso que daba, y con cada círculo que completaba, avanzaba hacia la promesa de Dios.

El séptimo día, los israelitas le dieron seis vueltas a la ciudad mientras los sacerdotes tocaban las trompetas. En la séptima vuelta alrededor de los muros, con un fuerte toque de trompeta, todos los israelitas lanzaron un gran grito, ¿y adivina qué pasó? ¡Se derrumbaron los muros de Jericó! Con un chillido y un grito, los israelitas entraron a la ciudad, saltando, riendo y alabando a Dios. Josué sacudía la cabeza con asombro mientras miraba que estaban a sus pies las que antes fueran unas poderosas piedras. Era un milagro. Jericó les pertenecía a los israelitas. En cambio, toda la gloria le pertenecía a Dios.

MOTIVO DE ORACIÓN

Rodea tu oración

¿No te gustaría haber estado allí el día en que los muros de Jericó se derrumbaron? ¡Debe haber sido un espectáculo increíble de ver! ¿Quién hubiera pensado que esos muros se derrumbarían solo porque los israelitas siguieron rodeando la ciudad? Sin embargo, Josué sabía que la oración es más fuerte que cualquier ariete. Cuando oramos sin cesar y con confianza, una y otra vez sobre algo, es como dibujar un gran círculo alrededor de nuestra oración. Y mientras seguimos orando todos los días, es como decir: *Sé que puedes hacer esto, Dios. Creo en el poder de la oración.* Y puedes estar seguro, al igual que Josué, de que Dios te dará una respuesta.

Querido Dios:
Gracias que puedo tener confianza cuando oro a ti,
tal como la tuvo Josué. Ayúdame a ser un hacedor de círculos,
a seguir orando y andando alrededor de tus promesas,
como lo hicieron los israelitas hace tantos años.
Amén.

Esta es la confianza que tenemos al acercarnos a Dios: que, si pedimos conforme a su voluntad, él nos oye. Y, si sabemos que Dios oye todas nuestras oraciones, podemos estar seguros de que ya tenemos lo que le hemos pedido.

1 JUAN 5:14–15

En el templo

1 SAMUEL 1—2:11

Las rodillas de Ana estaban doloridas y sentía una gran tristeza. Aun así, ella no se rendiría. Seguiría arrodillada en el piso hasta que estuviera segura de que Dios escuchó su oración.

Durante años y años, Ana había orado por un hijo, pero todavía no era madre. Un niño era lo único que deseaba más que cualquier otra cosa en el mundo. Ana inclinó la cabeza mientras sus lágrimas caían en silencio al suelo.

«Por favor, Dios, por favor», susurraba Ana. «No te olvides de mí. Si me das un hijo, prometo traerlo aquí, a tu templo, donde pueda trabajar para ti».

—¿Qué es lo que sucede? —le preguntó el sacerdote, cuando la vio llorando.

—Estoy suplicándole a Dios —lloró Ana—. Pero no sé si Él puede oírme. Estoy orando desde lo más profundo de mi corazón, pero no sé si Dios puede ver mis lágrimas.

Sin embargo, Dios *podía* escuchar la oración de Ana. Y no solo podía ver sus lágrimas, sino que las atrapaba mientras caían. Las lágrimas de Ana no caían al suelo. Caían en la mano de Dios.

—Ve en paz —le dijo el sacerdote—, y que Dios te conceda lo que has pedido.

Un año después, el corazón de Ana estalló de alegría mientras sostenía a su hijo. Le puso por nombre Samuel, lo que significa *Al Señor se lo pedí*.

Y cuando Samuel tenía tres años, Ana lo trajo al templo para que viviera con el sacerdote y trabajara para Dios, tal como lo prometió.

Esta vez, las lágrimas de Ana eran lágrimas de alegría. «Soy la mujer que lloraba aquí hace tantos años», le dijo al sacerdote. «Dios no me olvidó. Dios escuchó mi oración. Aquí está el hijo que Dios me dio. Ayúdalo para que sirva al Señor».

Cuando Ana llegó a casa, se arrodilló en oración. Pero esta vez fue una oración de alabanza, para Aquel que escuchó su llanto y atrapó sus lágrimas en su mano.

MOTIVO DE ORACIÓN

Dios escucha a tu corazón

Dios está siempre con nosotros. Siente nuestra alegría y nuestro dolor. Cuando estés sufriendo, intenta recordar que Dios ve tus lágrimas y las atrapa cuando caen. Dios se preocupa tanto por ti que cuando lloras, Él también llora. Dios escucha cada llanto de tu corazón. Él nunca se olvida de ti. Y promete que un día limpiará cada lágrima de nuestros ojos. ¡Qué día tan maravilloso será ese!

Querido Dios:
Gracias por no olvidarte nunca de mí,
incluso cuando me siento solo. Ayúdame a
recordar que escuchas el llanto de mi corazón.
Amén.

Registra mi llanto en tu libro.
¿Acaso no lo tienes anotado?

SALMO 56:8

En los campos

SALMO 23

Estaba oscuro. Todas las ovejitas de David estaban acurrucadas, profundamente dormidas. El pastorcito estaba acostado de espaldas en el campo y miraba las estrellas mientras brillaban en lo alto. David sabía que, al igual que cuidaba de sus ovejas, Dios lo cuidaba a él. Y en la oscuridad, David cantó su oración a Dios:

Dios, tú eres mi pastor y yo soy tu preciosa oveja. Me das todo lo que necesito: agua, comida y descanso. Me llevas por los caminos más seguros, siempre me guiarás. Y hasta cuando el valle esté oscuro, sé que estás a mi lado. Preparas un banquete frente a mí, llenas mi copa hasta rebosar. Y tu gran amor y bondad me seguirán a cualquier parte que yo vaya.

David se durmió bajo las estrellas. No necesitaba una manta. Estaba cubierto con las bendiciones de Dios. Eran suficientes.

MOTIVO DE ORACIÓN

Las bendiciones de Dios nos siguen

¿Alguna vez alguien llenó tanto tu vaso que se desbordó? Eso es lo que Dios hace con sus bendiciones. A Dios le encanta derramar cosas buenas en tu vida, y sus bendiciones nunca se agotan. Eso es lo que descubrió David cuando escribió su canción de alabanza, y eso es lo que descubrirás tú cuando pases tiempo en oración. Nunca puedes esconderte del amor y de la bondad de Dios, pues te seguirán a dondequiera que vayas.

Querido Dios:
Gracias porque tu amor y bondad me cubren como una manta caliente y me siguen a dondequiera que voy.
Gracias porque tus bendiciones nunca se agotan.
Amen.

Estoy completamente seguro de que tu bondad y tu amor me acompañarán mientras yo viva.

SALMO 23:6

En el valle

1 SAMUEL 17

David se paró en la tienda y miró al rey Saúl por debajo de un enorme casco. Era demasiado grande para la cabeza de David y le caía sobre los ojos. La armadura que le dio el rey Saúl tampoco le quedaba bien. La espada era demasiado pesada para que la cargara el pastorcito.

—Lo siento, rey Saúl —le dijo David—. Pero no puedo usar esta armadura suya. Es muy grande. Y, además, no la necesito.

—¿Qué quieres decir? —balbuceó el rey Saúl, mientras David dejaba su armadura en el suelo—. Ese gigante allá afuera mide casi tres metros de altura. Es más grande que cualquier hombre que haya visto jamás. Es el guerrero más poderoso de todo el ejército filisteo. Podría pararse sobre ti y aplastarte. Necesitas protección.

—Rey Saúl —le respondió el pequeño pastor—. ¿No sabe que Dios es más grande y más fuerte que cualquier gigante? Dios me ha ayudado a luchar contra el león y el oso. Me ayudará a luchar contra Goliat.

Y con eso, David recogió su honda de pastor, buscó cinco piedras lisas y marchó al campo de batalla para enfrentarse a Goliat.

El gigante *era* enorme. El gigantón estaba parado en el valle, bloqueando el sol y gritando con todas sus fuerzas. «¿Mandaron a un *muchacho* para pelear conmigo?», bramó. «¡Un *muchacho*! ¡Ven acá que contigo voy a darles de comer a los pájaros!».

David no tenía miedo. «Puede que tengas tu espada, Goliat», le gritó. «¡Pero yo tengo a mi Dios que es mucho más grande, fuerte y grandioso que cualquier gigante!». Mientras Goliat se acercaba y abría su enorme boca para reírse, David cargó con rapidez su honda y disparó una sola piedra lisa hacia el gigante. Golpeó a Goliat justo entre los ojos y, en seguida, el gigante cayó al suelo, muerto.

Todos los que miraban estaban sorprendidos. El ejército filisteo se dio la vuelta y huyó, y el rey Saúl sacudió la cabeza con asombro. David fue el único que no se sorprendió por lo que sucedió ese día. El pastorcito siempre supo que Dios era más grande que cualquier gigante. Entonces, David se guardó la honda en el bolsillo, recogió su vara de pastor y regresó a los campos donde les esperaban sus ovejas.

MOTIVO DE ORACIÓN

Dios es más grande que tu mayor problema

¿Crees que Dios es más grande que tu mayor problema? ¡Lo es! Piensa en David, ese pastorcito que cuida a sus ovejas en los campos por la noche. Los leones y los osos habrían sido un gran problema. Imagínalos arrastrándose en la oscuridad para robar las ovejas de David. Sin embargo, David sabía que Dios es más grande que cualquier oso. David sabía que Dios es más grande que cualquier león. Y cuando David salió para enfrentarse a Goliat, sabía que Dios es más grande que cualquier gigante. ¿Tú también crees eso? Cuando tengas un problema, pídele a Dios que te ayude. Confía en Él. Dios puede resolver cualquier cosa.

Querido Dios:
Cuando me enfrente a un problema,
ayúdame a recordar que eres más grande
y más fuerte que cualquier cosa a la que le tenga miedo.
Ayúdame a confiar en ti.
Amén.

Grande es nuestro Dios, y grande es su poder.

SALMO 147:5

En la montaña

1 REYES 18:1, 41–45

Hacía tres largos años que no llovía en Israel. Cada brizna de hierba había desaparecido, cada árbol estaba marchito, cada animal estaba delgado y cada persona tenía sed. Israel era un desierto. Los manantiales estaban secos, los valles estaban secos, los campos estaban secos y la tierra estaba seca. Las grietas se abrían y se deslizaban como serpientes sobre el suelo polvoriento. Nada podía crecer y nada podía florecer.

Aun así, Elías sabía que iba a llover. Lo sabía porque Dios se lo dijo. Después de todos esos años de escuchar a Dios y de llevarle a la gente el mensaje de Dios, Elías sabía sin lugar a dudas que cuando Dios hacía una promesa, esta se cumplía.

Elías y su criado treparon cansados por las laderas del monte Carmelo, donde Elías se arrodilló en el polvo. Elías bajó la cabeza al suelo y oró por la promesa que sabía que se cumpliría.

—Ve y mira hacia el mar —le dijo a su criado—. Porque puedo escuchar la lluvia.

Sin embargo, a pesar de que el criado examinaba el horizonte, no podía ver la lluvia. Aunque volvía su oído hacia el mar, no podía escuchar la lluvia.

—No hay nada allí, Elías —le informó el criado.

—Entonces, regresa —le dijo Elías, todavía de rodillas, orando.

El criado miró de nuevo, pero no pudo ver nada diferente... solo el mismo sol ardiente e implacable que caía sobre la seca y polvorienta tierra de Israel.

—Te equivocas, Elías —le dijo el criado—. No hay lluvia.

—¡Pero sí *habrá* lluvia! —le gritó Elías—. Solo sigue buscando. Solo sigue escuchando.

Siete veces oró Elías. Siete veces envió a su criado a mirar el mar. Y después de la séptima vez, el criado regresó y dijo:

—Elías, veo una nubecita en el cielo. Solo es del tamaño de la mano de un hombre. ¿Podría ser eso la lluvia? Oigo el más leve susurro en el aire. ¿Podría ser la lluvia?

Elías se levantó de un salto. Y allí, en efecto, había una nubecita de lluvia que el viento la llevaba hacia ellos. Y mientras escuchaban con atención, Elías y su criado podían oír el dulce y seguro sonido de las gotas de lluvia mientras danzaban en el mar.

—¡Eso es! —gritó Elías—. Dile al rey que tome su carro y su caballo, y huya antes de que llegue la lluvia.

Y cuando llegó la lluvia, no solo fue una llovizna. Enormes y oscuras nubes llenaron el cielo mientras torrentes de lluvia venían del cielo sobre la tierra. Llenaron cada valle, cada manantial y cada grieta de la tierra seca, hasta que la hierba se volvió verde y las flores se asomaron para beber.

Elías se sujetó la capa con el cinturón y partió colina abajo, corriendo bajo la lluvia y dando gracias a Aquel que cumplió su promesa.

MOTIVO DE ORACIÓN

No dejes de buscar ni de escuchar

Me pregunto si el criado de Elías creía de veras que la lluvia llegaría ese día. Siete veces tuvo que regresar; siete veces se mantuvo buscando y escuchando esa lluvia. Y cuando vio la nube, ¡era muy pequeña! Cuando ores a Dios, mantente atento a las pequeñas cosas que Él puede estar haciendo, porque a veces es fácil no verlas. Sigue escuchando su voz tranquila, porque en ocasiones puede ser difícil de escuchar. Sigue orando, pues cuanto más ores, más te darás cuenta. Sigue buscando lo que Dios está haciendo, y sigue escuchando su susurro. Lo verás. Lo escucharás.

Ayúdame, Dios,
a tener fe en tus promesas; a seguir orando,
a seguir buscando lo que harás en mi vida,
y a seguir escuchando tus susurros.
Amén.

Quédense quietos, reconozcan que yo soy Dios.

SALMO 46:10

Antes de la batalla

2 CRÓNICAS 20:1–29

El rey Josafat tenía un problema. Su pueblo tenía un problema. Se arrodillaron en el suelo delante de él y lloraron: «¡Oh, rey! ¿Escuchó las terribles noticias? Hay un ejército enorme que marcha hacia nosotros y no tenemos ninguna posibilidad de vencer. ¿Qué haremos?».

El rey Josafat no sabía qué hacer. El ejército que venía hacia ellos era mucho más grande que el suyo. Su mejor plan de batalla no podía salvarlos. Pero Dios sí podía hacerlo... el rey Josafat estaba seguro de esto. No sabía *cómo* Dios los ayudaría a vencer, pero lo alabaría de todos modos, incluso antes de que se peleara la batalla.

El rey Josafat se puso de pie. «Pueblo de Judá», dijo en voz alta. «No nos van a derrotar. Servimos a un Dios grande y poderoso. Vamos a alabarlo por lo que hará. Inclinen sus cabezas conmigo y oremos».

Un silencio cayó sobre el templo cuando todo el pueblo inclinó la cabeza para escuchar a su rey. Y el rey Josafat hizo la oración más poderosa de su vida.

Señor, tú eres el Dios de nuestro pueblo. Eres Dios del cielo y de la tierra. Solo tú eres fuerte, poderoso y omnipotente. Nadie puede luchar contra ti y ganar. Salvaste a nuestro pueblo antes, y nos salvarás ahora. No sabemos cómo, pero no tenemos duda de que lo harás. Amén.

En cuanto el rey Josafat terminó de orar, el profeta Jahaziel se levantó de un salto. «¡No tengan miedo!», gritó. «¡No pierdan la esperanza! Mañana, salgan y enfréntense a este ejército. La batalla no es de ustedes, ¡es de Dios!».

Temprano a la mañana siguiente, el rey Josafat reunió a su ejército. Pero antes de partir, marchó al frente de la línea con sus mejores cantantes. «Canten al Señor mientras marchamos», dijo el rey. «Canten lo más fuerte que puedan. ¡Alabemos a Dios por lo que hará hoy!». Así que el ejército del rey Josafat se puso en marcha, con su pequeña banda de cantantes a la cabeza.

Cuando llegaron al campo de batalla, para asombro del pueblo, todo estaba en calma. No había hombres golpeando sus espadas contra los escudos. No había soldados esperando para saltar sobre ellos. «¿Dónde están nuestros enemigos?», preguntó Josafat mientras miraba a su alrededor. Pero se habían ido. Dios había hecho que esos ejércitos lucharan entre sí, y no quedaba nadie para que el rey Josafat luchara.

«¡Saquen las arpas!», gritó el rey Josafat, mientras aplaudía con alegría. «¡Saquen las trompetas! ¡Celebremos a nuestro asombroso Dios que ganó esta batalla por nosotros!».

Y eso fue justo lo que hicieron. El rey Josafat y su pueblo danzaron hasta que salieron las estrellas. Su pequeña banda de cantantes cantó tan fuerte que por la mañana les dolía la garganta. Pero valió la pena.

MOTIVO DE ORACIÓN

No solo ores por eso... alaba a través de eso

¿No tenemos un Dios asombroso? A Dios le encanta cuando estamos seguros de que Él está de nuestro lado, como lo estuvo con el rey Josafat. Y aquí hay un pequeño secreto: cuando te enfrentes a algo difícil, como una batalla o un problema que crees que es imposible de vencer, no solo ores por eso, sino *alaba* a través de eso. Ora como lo hizo el rey Josafat. Di: *Dios, esta batalla te pertenece. No sé cómo me vas a ayudar en esta situación, pero sé que lo harás, y de todos modos te voy a alabar.* A Dios le gusta que oremos así, y esto te hará sentir mejor también. Puedes poner ese problema en las manos de Dios, no hay mejor lugar para resolverlo.

Querido Dios:
Cuando me enfrente a una situación difícil,
ayúdame a alabarte mientras oro.
Amén.

Mi esperanza he puesto en Dios, a quien todavía seguiré alabando. ¡Él es mi Dios y Salvador!

SALMO 42:5, DHH

En el foso

DANIEL 6

Daniel sabía que lo estaban vigilando cuando se arrodillaba junto a su ventana abierta para orar. Podía ver la luz del sol brillando en dos cabezas calvas que les pertenecían a los consejeros del rey Darío mientras lo espiaban. Aun así, a Daniel no le importaba. Desde que podía recordar, se había estado arrodillando y orando a Dios tres veces al día. No iba a detenerse ahora. Incluso, cuando vio a los consejeros salir corriendo hacia el palacio para denunciarlo ante el rey persa, Daniel seguía orando.

—¡Rey Darío! —jadearon los consejeros calvos cuando corrieron hacia el salón del trono—. Nunca adivinará lo que acaba de pasar. El hombre que quería poner a cargo de todo el reino ha violado la ley que usted mismo firmó. Se supone que durante treinta días nadie debe orarle a otro que no sea usted. ¡Pero acabamos de ver a Daniel, de rodillas, con la ventana abierta, orando a su Dios! Eso solo puede significar una cosa, Su Majestad: A Daniel lo deben arrojar a los leones.

Solo unos días antes, el rey Darío firmó esa ley. Parecía una buena idea en ese momento, pero ahora el rey se daba cuenta de que lo engañaron los dos hombres que tenía delante. Siempre habían querido deshacerse de Daniel.

—¿Están seguros de que no se equivocan? —les preguntó el rey Darío.

—No hay ningún error al respecto, Su Majestad —le respondieron los perversos consejeros—. La ley no se puede cambiar. Usted debe cumplir su palabra.

«Que tu Dios te salve, Daniel», gritó el rey. Entonces, arrojaron a Daniel al foso donde varios leones hambrientos esperaban su cena.

Esa noche, el rey apenas pudo dormir. Daba vueltas en la cama, esperando que el Dios de Daniel lo salvara. A la primera señal del amanecer, salió volando del palacio y corrió hacia el borde del foso para ver si Daniel estaba vivo todavía.

«Daniel», gritó el rey al gran espacio de abajo. «Daniel, ¿estás ahí? ¿Tu Dios te salvó?». Y para su sorpresa, la voz de Daniel gritó: «Sí, Su Majestad. ¡Él lo hizo! Mi Dios envió a su ángel para salvarme. Les cerró la boca a los leones y no tengo ni un rasguño».

El rey Darío saltó de alegría. Ordenó que sacaran a Daniel del foso y les escribió un decreto a todas las naciones que decía:

Ustedes deben alabar al Dios vivo que gobierna tanto de día como de noche.

Él es el que libera y salva con gloria, poder y fortaleza.

Y Daniel se fue a casa, subió las escaleras de su habitación, abrió la ventana y se arrodilló para orar.

MOTIVO DE ORACIÓN

Detente, arrodíllate y ora

¿Qué crees que hizo Daniel cuando lo arrojaron a ese foso? ¿No crees que deba haber orado en seguida? Debe haberse arrodillado y rogado a Dios que lo salvara. Sin embargo, Daniel no solo oraba cuando tenía un mal día; oraba todos los días, tres veces al día. Sea lo que sea que estuviera haciendo, cualquier clase de día que tuviera, Daniel se detenía, se arrodillaba y oraba. ¿Es la oración un hábito en tu vida? Si no lo es, trata de que lo sea. ¡Haz un alto, arrodíllate y ora!

Querido Dios:
Ayúdame a desarrollar el hábito
de orar a ti todos los días.
Amén.

No dejen ustedes de orar:
rueguen y pidan a Dios siempre,
guiados por el Espíritu.

EFESIOS 6:18, DHH

En el pez

JONÁS 1–2

En su litera bajo cubierta, Jonás puso la cabeza entre sus manos. Esta no era una buena situación. El barco subía y bajaba cuando las poderosas olas lo sacudían en el mar. Qué idea tan terrible la suya de tratar de huir de Dios. ¡Qué idea aún peor la de subir a bordo de este barco! Debería haber hecho lo que Dios quería que hiciera. Debería haber ido a Nínive, esa ciudad malvada, y darle el mensaje de Dios a la gente de allí. Pero ya era demasiado tarde.

«¡Jonás!», gritaron los marineros. «¿Esta tormenta es por culpa tuya? ¿De dónde eres? ¿Qué está pasando?». Jonás sabía que solo había una cosa que hacer. «¡La culpa es mía!», gritó. «Estoy tratando de huir de Dios, y sé que no debería estar aquí. ¡Tírenme por la borda!».

¡Los marineros estaban aterrorizados! Intentaron remar hasta la orilla, pero fue inútil. La tormenta era demasiado fuerte. Al final, levantaron a Jonás y lo arrojaron por la borda. Jonás se hundió… abajo, abajo, abajo, en las aguas profundas hasta que, de repente, sintió como si lo arrastrara una corriente muy fuerte. ¿Qué estaba pasando?

Para horror de Jonás, se dio cuenta de que estaba dentro de un enorme pez, mientras que algas, peces muertos y un pulpo flotaban junto a su cabeza. ¡Ay, no! Si pensaba que Nínive era un mal lugar, esto era diez veces peor. Jonás hizo lo único que podía hacer. Oró.

Querido Dios, aquí estoy en las profundidades del mar. Me he hundido más bajo de lo que jamás creí posible. Pero aun así, sé que estás escuchando. Sé que nunca estoy demasiado lejos para que escuches mi oración. Sé que me salvarás. Y cuando lo hagas, iré a Nínive. Amén.

En cuanto Jonás terminó de orar, sintió que lo arrastraban hacia arriba, y arriba, hasta que, de repente, al pez le dio un hipo gigante y lo escupió en la playa. Jonás se acostó en la arena aturdido y asustado. Y cuando se recuperó, se dirigió a Nínive.

MOTIVO DE ORACIÓN

Dios escucha *cada* oración y responde a *cada* petición

¿Te imaginas lo horrible que debió ser para Jonás estar dentro de ese pez? Sentado allí en la oscuridad, atrapado dentro de un enorme vientre, a miles de metros bajo las olas; debe haberse sentido muy lejos de Dios. Debe haberse preguntado si Dios podría escuchar *de veras* su oración. Sin embargo, Dios la escuchó. No importa cuán lejos viajemos, no importa cuán oscuro parezca, no importa lo que esté sucediendo a nuestro alrededor, Dios escucha *cada* oración y responde a *cada* petición.

Querido Dios:
Qué maravilloso es saber que no importa dónde esté ni lo que esté sucediendo en mi vida, siempre escuchas mi oración y respondes cada petición. Ayúdame a recordar esa verdad.
Amén.

Yo clamaré a Dios [...] y él escuchará mi voz.

SALMO 55:16–17, DHH

Nuevo Testamento

Con el ángel

LUCAS 1:26–56, LUCAS 2:20

Era como un día cualquiera para María, hasta que llegó el ángel. Ella había ordenado la casa y preparado la cena, barrido el suelo y horneado el pan. Entonces, de repente, de la nada, un ángel entró en el día ordinario de María y anunció algo extraordinario.

—Tú eres bendecida, María —susurró el ángel—. Vas a tener un bebé.

—¿Cómo puede ser eso posible? —tartamudeó María, mientras su mente se llenaba de preguntas. Solo era una jovencita. Ni siquiera estaba casada con José todavía. ¿Qué diría él? ¿Qué dirían sus padres? ¿Cómo pudo pasar esto? Sin embargo, el ángel no dejaba de sonreír.

—Tu bebé será el propio hijo de Dios, y algún día será un rey. Debes llamarlo *Jesús*, porque Él salvará a todos de sus pecados. No tengas miedo. Solo cree que, con Dios, nada es imposible.

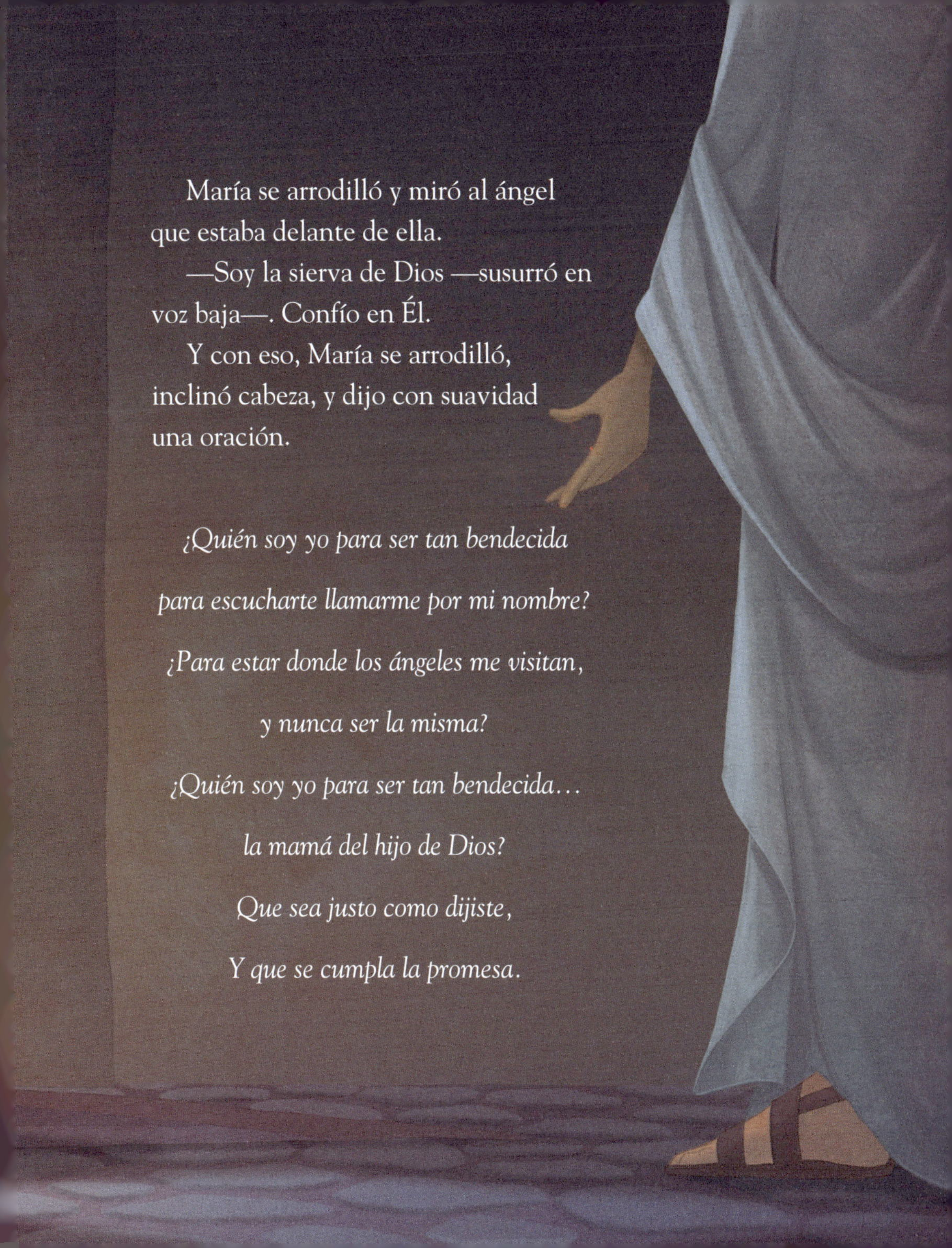

María se arrodilló y miró al ángel que estaba delante de ella.

—Soy la sierva de Dios —susurró en voz baja—. Confío en Él.

Y con eso, María se arrodilló, inclinó cabeza, y dijo con suavidad una oración.

¿Quién soy yo para ser tan bendecida
para escucharte llamarme por mi nombre?
¿Para estar donde los ángeles me visitan,
y nunca ser la misma?
¿Quién soy yo para ser tan bendecida…
la mamá del hijo de Dios?
Que sea justo como dijiste,
Y que se cumpla la promesa.

Nueve meses más tarde, en un pequeño establo iluminado por las estrellas en Belén, María miró el pequeño tesoro que mecía entre sus brazos, esta promesa perfecta de Dios: Jesús. Mientras María miraba a su hijo dormido, pensó en todo lo que había sucedido desde la visita del ángel y en las maravillosas palabras que dijo. Qué increíble es que, un día, este pequeño bebé se convertiría en un rey. Qué asombroso que Jesús viniera al mundo para salvar a todos de sus pecados. María no sabía cómo Jesús haría eso, pero en la quietud de esa noche de Belén, no buscaba respuestas. María buscaba a Dios. ¿Y no se podía encontrar a Dios en todas partes? En el rostro de su bebé, en la estrella que brillaba a través de la ventana, en los ojos de los pastores sonrientes, en la voz tranquila de José... Dios estaba allí. Y siempre se podía confiar en Dios.

Mientras María colocaba a su pequeño en el pesebre, sabía que desde ese momento en adelante nunca volvería a tener un día ordinario.

MOTIVO DE ORACIÓN

No busques respuestas; busca a Dios

¿Sabías que María solo era una joven adolescente cuando llegó el ángel? Eso debe haber sido aterrador. Sin embargo, ¿viste lo que María hizo? María siempre confiaba en Dios. Cuando se encontró preguntando sobre el futuro, no decidió buscar las respuestas por sí misma, sino buscar a Dios. Y lo encontró. Dios estaba a su alrededor, y Dios está a *tu* alrededor también. Entonces, si tienes preguntas, ora por esto; no busques las respuestas, busca a Dios.

Querido Dios:
Cuando tenga preguntas, o me pregunte
qué podría pasar en el futuro, ayúdame a buscarte. Gracias que,
a través de todo esto, puedo confiar en ti.
Amén.

No sabemos qué hacer,
pero en ti buscamos ayuda.

2 CRÓNICAS 20:12, NTV

En el río

LUCAS 3:2–22

Juan el Bautista mojó la última de las langostas en su miel, terminó en seguida su almuerzo y salió corriendo hacia el desierto. Había escuchado una voz. Y no era una voz ordinaria. Era la voz de Dios. Y Juan sabía con exactitud lo que se suponía que debía hacer.

No tardó mucho en llegar al río Jordán. Juan saltó dentro, hasta la cintura, mientras la gente a su alrededor lo miraba.

—¿Están listos? —gritó Juan—. ¿Están listos para escuchar a Dios? ¿Están listos para cambiar sus costumbres, para compartir su comida

y su ropa? ¿Están listos para ayudar a los demás? Si es así, ahora es su oportunidad para demostrarlo. Salten al río conmigo. ¡Bautícense!

Y lo hicieron. Todas las personas que estaban preparadas para un nuevo comienzo saltaron al agua fría. Cuando salieron, le preguntaron a Juan:

—¿Eres el Mesías? ¿Eres tú el que Dios envió, el que nos salvará a todos?

—No —dijo Juan—. Solo soy el mensajero. Mi trabajo es ayudarlos a prepararse para Él. Yo los bautizo con agua, pero eso solo puede limpiarlos por fuera. Cuando venga el Mesías, Él los ayudará a estar limpios por dentro también. Sentirán que tienen nuevos corazones.

Y entonces, en una mañana tranquila, cuando era el momento adecuado, Jesús se acercó a Juan cuando estaba parado en el río Jordán. «Estoy listo para que me bautices», le dijo Jesús. Aunque Juan sintió que no era lo suficientemente bueno para hacerlo, obedeció y sumergió a Jesús bajo el agua fría.

Cuando Jesús salió del río, oró, y sucedió algo asombroso. Las puertas del cielo se abrieron de golpe y una hermosa paloma blanca voló con suavidad y se posó sobre la cabeza de Jesús. El Espíritu Santo de Dios estaba flotando allí mismo, por encima del Hijo de Dios, mientras estaba parado en el río. Dios mismo sonrió y dijo: «Este es mi Hijo. Estoy satisfecho con Él».

Eso solo fue el comienzo. El Hijo de Dios salió del río y se adentró en el mundo... Estaba listo para ayudar a las personas a tener nuevos corazones.

MOTIVO DE ORACIÓN

La oración abre el cielo

¿Te fijaste en lo que sucedió cuando Jesús oró? Busca Lucas 3:21 en tu Biblia y léelo. Dice que cuando Jesús oró, el cielo se abrió. Vaya, ¡qué hermosa imagen! Quizá si el cielo tuviera puertas, esas puertas se abrieran cuando oramos. Si el cielo tiene puertas, tal vez las puertas se abran de par en par cuando oramos. Y si el cielo está más allá de las nubes, tal vez las nubes se aparten cuando oramos. ¿Puedes ver esas imágenes en tu mente? Piensa en eso la próxima vez que hables con Dios: estás llamando a las puertas del cielo, y cuando oras, ¡tus oraciones abren el cielo!

Querido Dios:
Gracias por la hermosa imagen que tengo en mi mente
de que, cuando oro a ti, el cielo se abre.
Ayúdame a recordar eso cada vez que hable contigo.
Amén.

Llamen a la puerta, y se les abrirá.

MATEO 7:7, DHH

En la ladera

MATEO 6:5–15; LUCAS 11:1

«Maestro», le dijeron los discípulos a Jesús, «enséñanos a orar».

Las ovejas pastaban tranquilamente en la ladera de la montaña junto al mar de Galilea. La hierba verde se sentía como un grueso y cómodo cojín. Los discípulos se reclinaron, listos para escuchar a Jesús. Sabían que oraba todo el tiempo. A menudo, cuando las mañanas todavía eran oscuras y los discípulos aún tenían sueño, Jesús estaba bien despierto y había subido a la ladera para orar. «Así es que deben orar», dijo Jesús. Y miró hacia el cielo y comenzó...

Padre nuestro que vives en el cielo,
Santo es tu nombre.
Que siempre se haga lo que **tú** *quieras…*
Lo mismo en la tierra como en el cielo.
Danos cada día los alimentos que necesitamos.
Perdónanos cada error,
y ayúdanos a ser también perdonadores
a cada paso que demos.
Guíanos por el buen camino,
eso nos ayuda a encontrar nuestro sendero,
Y líbranos, Dios, de hacer el mal,
todos y cada uno de los días. Amén.

Las palabras de la oración de Jesús flotaban en la quietud. Fue la oración más sencilla y poderosa que los discípulos habían escuchado jamás. Fue una oración que llegaría mucho más allá de sus vidas y viajaría a todos los rincones del mundo.

MOTIVO DE ORACIÓN

Ora la oración de Jesús

¿Sabías que millones de personas en todo el mundo siguen haciendo la pequeña oración que Jesús les enseñó a sus discípulos? ¿Sabías que las palabras de esa oración se han traducido a cientos de idiomas? Todos los domingos, cuando los cristianos se reúnen para adorar, la oración del Señor se lee, canta o susurra, de norte a sur, de este a oeste. ¡Qué oración tan maravillosa nos enseñó Jesús! Vamos a orar...

Padre nuestro que estás en el cielo,
santificado sea tu nombre,
venga tu reino ,
hágase tu voluntad
en la tierra como en el cielo.
Danos hoy nuestro pan cotidiano.
Perdónanos nuestras deudas, como también
nosotros hemos perdonado a nuestros deudores.
Y no nos dejes caer en tentación,
sino líbranos del maligno.
Amén.

MATEO 6:9–13

En la multitud

JUAN 6:1–13

La situación era imposible. Felipe lo sabía. Andrés lo sabía. Todos los discípulos lo sabían. ¿En qué estaba pensando Jesús? Reunida frente a ellos, en la ladera de la montaña, estaba reunida una gran multitud de gente. ¡Tenía que haber más de cinco mil personas! Y aquí estaba Jesús, pidiéndoles a los discípulos que buscaran la cena para todos. ¡Qué absurdo!

Felipe se sintió impotente. «¡Jesús!», exclamó. «Si trabajara durante ocho meses, ¡todavía no tendría suficiente dinero para comprar pan para toda esta gente!».

Andrés se sentía avergonzado. Se trataba de un muchacho que se ofrecía a compartir su almuerzo, ¿pero qué pensaría Jesús cuando mirara en la canasta? Este era un gran problema. ¡Cinco panes pequeños y dos pescaditos eran suficientes para un niño, no para más de cinco mil personas!

Jesús, en cambio, se sentía de maravillas. «Hagan que la gente se siente», dijo en voz baja. Un silencio cayó en la ladera cuando más de cinco mil personas hambrientas fijaron sus ojos en Jesús y esperaron. Jesús tomó la canasta del niño y la levantó hacia los cielos. Su oración solo fue de una pequeña palabra. «Gracias».

Y entonces sucedió el milagro. Felipe, Andrés y el niño vieron con asombro cómo ese pequeño almuerzo alimentaba a cada persona en la ladera. Los cinco panes y los dos pescaditos fueron suficientes para más de cinco mil personas. Y pronto, cada persona estaba llena. Hubo mucho para comer por segunda, tercera, cuarta, ¡y más veces!

Cuando llegó la noche y Andrés y Felipe descendieron de la ladera, sacudían sus cabezas con asombro. ¡Todavía tenían mucho que aprender! Jesús tomó cinco panes y dos pescados pequeños, y los multiplicó para alimentar a *cinco mil* personas. Jesús tomó una situación imposible y la transformó con una pequeña oración. Había mirado en la canasta, y en lugar de ver un problema, Jesús vio una posibilidad. Y si Jesús pudo tomar un pequeño almuerzo y convertirlo en un fantástico festín, de seguro que no había *nada* que no pudiera hacer.

MOTIVO DE ORACIÓN

A Dios le encanta multiplicar

¿Cuántas personas pueden comer de cinco panes y dos pescaditos? Una persona, tal vez dos. Sin embargo, cuando Dios es el que organiza el banquete, ¡es suficiente para cinco mil personas! Verás, a Dios le encanta multiplicar. ¡Dios puede tomar lo poco que le das y multiplicarlo para que se convierta en algo muchísimo más grande! Entonces, cualquier cosa pequeña que estés dispuesto a compartir con los demás, ya sea tu tiempo, tus oraciones o tu dinero, prepárate para orar, tal como lo hizo Jesús. Di: *Gracias, Dios.* Luego, ¡está atento a las cosas maravillosas que hará Él!

Querido Dios:
Gracias por tomar todo lo que tengo para dar
y hacer cosas increíbles con esto.
Amén.

[Dios] puede hacer muchísimo más que todo lo que podamos imaginarnos o pedir.

EFESIOS 3:20

En el camino

MATEO 8:5–13

El capitán romano caminaba de manera rápida y decidida por las calles de Capernaúm, con su capa ondeando detrás de sí. Tenía que ver a Jesús. Esto no podía esperar. Sabía con toda seguridad de que Jesús podía sanar a su siervo. Todo lo que tenía que hacer era pedirlo.

—Señor —dijo el capitán mientras se acercaba a Jesús—. Mi siervo está en casa en la cama. No se puede mover y tiene un dolor terrible.

—Entonces, iré a verlo —le dijo Jesús.

—Pero no hay necesidad —le respondió el capitán romano—. Solo di la palabra. Sé que sanará. Soy un oficial a cargo de muchos hombres. Si le digo a uno: “Ve”, él va. Si le digo a otro: “Ven”, él viene. Si doy una orden, se hace. Tú estás a cargo de todas las cosas. Solo da la orden. Sé que con una palabra, mi siervo se curará en seguida.

Jesús estaba asombrado por completo. Nunca había escuchado una petición tan valiente. Se volvió hacia sus discípulos y toda la multitud detrás de Él y dijo:

—¿Ven a este hombre? ¡Tiene la mayor fe que he visto en todo Israel!

Y volviéndose hacia el capitán romano, Jesús sonrió y dijo:

—Vete. Se hará tal como creías que se haría. Tu siervo sanará.

Y él se fue.

MOTIVO DE ORACIÓN

A Dios le encantan las oraciones valientes

Hay una hermosa imagen en la Biblia donde Dios está sentado en un trono. Él está esperando allí para escuchar tus oraciones; está mirando para ver quién tiene fe en Él. Y cuanto más grandes y valientes sean tus oraciones, más le gusta a Dios escucharlas. Así que, al igual que ese capitán marchó hacia Jesús, puedes marchar tú hacia Dios con confianza; puedes arrodillarte ante su trono y hacer la oración más grande y valiente de la historia. Dios, que está a cargo de todas las cosas, no le teme a las oraciones grandes y valientes. Es más, a Dios les encanta, ¡pues demuestran que tienes fe en lo que puede hacer nuestro gran Dios!

Querido Dios:
Gracias porque puedo venir a ti con confianza cuando oro.
Ayúdame a recordar que ninguna oración es demasiado grande,
ni demasiado atrevida, para que la respondas.
Amén.

Así que acerquémonos con toda confianza al trono de la gracia de nuestro Dios.

HEBREOS 4:16

En la oscuridad

MARCOS 10:46–52

Bartimeo estaba sentado a un lado del camino. Sobre las calles de Jericó se alzaba un gran sol amarillo, redondo, brillante y caliente. Las aves revoloteaban y volaban en lo alto del cielo azul y se posaban en las ramas de los árboles mientras inclinaban la cabeza al viento. Sin embargo, Bartimeo no podía ver el sol, ni los árboles, ni los pájaros que se posaban en sus ramas. Era ciego. Todos los días eran oscuros para Bartimeo. Hasta el día en el que Jesús llegó al pueblo.

—¡Jesús! ¡Jesús! ¡Ten compasión de mí! —gritó cuando escuchó a Jesús que bajaba por el camino con sus discípulos.

—¡Cállate! —le decía la gente.

Pero Bartimeo sabía de Jesús. Si alguien podía responder a su oración, era este hombre. Así que volvió a gritar, esta vez aún más fuerte.

—¡Jesús! ¡Jesús! ¡Ayúdame!

—Díganle que venga a mí —dijo Jesús y se detuvo.

—Anímate, Bartimeo —le dijo la gente—. Te está llamando.

Bartimeo se quitó la capa, se levantó de un salto y se acercó a Jesús.

—¿Qué quieres que haga por ti? —le preguntó Jesús.

—Señor —le dijo Bartimeo en voz baja—. Quiero ver.

Todas las personas que estaban cerca contenían la respiración para ver qué pasaría.

—Puedes irte —le dijo Jesús—. Tu fe te ha sanado.

De inmediato, Bartimeo abrió los ojos. Por primera vez, pudo ver el sol, grande, redondo y amarillo, que brillaba en las calles de Jericó. Por primera vez, Bartimeo pudo ver que los árboles se batían con el viento, y que los pájaros se posaban en lo alto de sus ramas. Bartimeo saltó de alegría. ¡Podía ver! Jesús respondió su oración, tal y como Bartimeo sabía que lo haría. ¿Qué crees que hizo Bartimeo después? Tomó su capa y salió corriendo por el camino... ¿y puedes adivinar por dónde se fue? Siguió a Jesús.

MOTIVO DE ORACIÓN

Cree mucho

Qué historia tan maravillosa. Qué asombroso fue que Bartimeo se sanara en ese mismo momento. ¿No te gustaría que todas tus oraciones se pudieran responder de inmediato? ¿Qué haces cuando Dios no responde en seguida? Esperas. Y aunque sea difícil, sé paciente y *cree mucho*. El hecho de que tu oración no reciba respuesta al instante no significa que Dios nunca la contestará. ¿Alguna vez has oído hablar de un mensaje en una botella? Es una nota secreta que alguien escribe, sella en una botella y la echa al mar, donde la llevan las olas. La persona que lo escribió nunca sabe dónde va a terminar su mensaje ni quién podría abrirlo. Sin embargo, las oraciones no son así. Cuando oras, puedes estar seguro de hacia dónde irá tu oración. Sabes quién la abrirá. Tu oración va a llegar a Dios, y un día, cuando sea el momento adecuado, Dios abrirá tu oración y la responderá en algún lugar, de alguna manera, en algún momento. Así que confía en que Dios responderá tu oración... espera, sé paciente, cree mucho.

Querido Dios:
Si mis oraciones no se responden en el momento,
ayúdame a ser paciente. Ayúdame a esperar y confiar en
que responderás mis oraciones a tu tiempo y a tu manera.
Amén.

Yo, Señor, espero en ti; tú, Señor
y Dios mío, serás quien responda.

SALMO 38:15

En la tormenta

MATEO 8:23–27

En medio del mar de Galilea, una pequeña barca de pesca se sumergía en las olas. La barca se balanceaba y rebotaba en el agua, pero todo ese balanceo no molestaba a Jesús. Estaba cansado, acurrucado en un rincón, con la cabeza sobre un cómodo cojín. Jesús estaba tomando una siesta bien merecida. Sin embargo, los discípulos que estaban en la barca también se preocupaban. Conocían ese lago porque pescaban allí todos los días; y si esos vientos empezaban a ser más fuertes, y esas olas comenzaban a crecer, sabían que pronto estarían en terribles problemas. Si una tormenta estaba en camino, el último lugar donde querían estar era en medio del lago.

Los discípulos agarraron los remos y empezaron a remar de regreso a la orilla, pero sabían que era demasiado tarde, ya que llegaban enormes nubes grises y los truenos retumbaban sobre sus cabezas. El viento levantaba las olas y las arrojaba sobre la cubierta a la vez que los rayos relampagueaban en el cielo. Los discípulos se aferraban los unos a los otros mientras las poderosas olas amenazaban con arrastrarlos por la borda. Y a pesar de todo, Jesús seguía profundamente dormido. «¡Jesús! ¡Jesús!», gritaron aterrorizados los discípulos. «¡Sálvanos! Nos vamos a ahogar».

Jesús se despertó. «¿Dónde está su fe?», les preguntó. «¿Por qué tienen tanto miedo?». Y con calma, se puso de pie en la pequeña barca de pesca, extendió su mano sobre las aguas furiosas, y solo dijo dos palabras: «Quédense quietos». De inmediato, como si reconocieran su voz, el viento y las olas obedecieron. El agua estaba quieta. El trueno guardó silencio. El viento se calló. La tormenta desapareció. Los discípulos se sentaron asustados y aturdidos. ¿Qué clase de hombre era este que manda al viento, a las olas y al agua? ¿Quién más podría decir dos pequeñas palabras y crear un gran milagro? Los discípulos sacudían la cabeza maravillados mientras remaban de regreso a la orilla en las muy tranquilas aguas del mar de Galilea.

MOTIVO DE ORACIÓN

Dios nunca duerme

¡Vaya! Qué miedo para esos discípulos estar en medio de una tormenta en el lago. No es de extrañar que despertaran a Jesús para pedirle ayuda. Si alguna vez te encuentras en una situación aterradora, puedes clamar a Dios, pero nunca tendrás que despertarlo. El creador del universo nunca duerme. Él *siempre* te está cuidando. Y así, cada vez que oras, no importa a qué hora del día o de la noche, puedes estar seguro de que Dios siempre está despierto y siempre está escuchando. ¡Qué maravilloso es eso!

Querido Dios:
Gracias por estar siempre despierto,
a fin de que puedas escuchar cada oración.
Amén.

Jamás duerme el que te cuida.
Jamás duerme ni se adormece.

SALMO 121:3–4

En la puerta

LUCAS 18:1–8

Era un día cálido en Galilea. Los discípulos se sentaron en las laderas verdes cubiertas de hierba junto al lago, escuchando a su Maestro. Jesús hacía una de las cosas que mejor sabía hacer: contaba una historia.

En cierta ciudad vivía un juez que no le importaba Dios ni las personas. La única persona que de veras le importaba era él mismo. Ahora bien, en ese mismo pueblo vivía una viuda, una pobre mujer cuyo esposo murió. Y como si eso no fuera lo bastante malo, alguien la estaba tratando mal.

Ya sé, pensó la pobre viuda un día. *Iré a ver al juez. Le diré lo mal que me están tratando. De seguro que me escuchará y me ayudará.* Así que la viuda fue a ver al juez y llamó a la puerta. «Por favor, señor», le rogó la mujer. «Me están tratando muy mal. ¿Me puede arreglar las cosas?». Sin embargo, el juez no tenía tiempo para escuchar las quejas de la mujer.

«Vete», le gritó de manera grosera, y le cerró la puerta en la cara.

Entonces, a la mañana siguiente, antes de que saliera el sol, la mujer volvió para llamar de nuevo a la puerta del juez. Esta vez, el juez ni siquiera abrió la puerta, a pesar de que la mujer seguía tocando y tocando hasta dolerle los nudillos. Él solo se tapó los oídos y siguió con sus asuntos como siempre. *Si la ignoro*, pensó el juez, *pronto se dará por vencida*.

Sin embargo, la viuda no se rendiría. Todas las mañanas iba a la casa del juez, tocaba fuerte a su puerta, miraba por las ventanas y daba vueltas alrededor de la casa, al igual que Josué dio vueltas alrededor de Jericó. Y cada día, ella le suplicaba al juez que la ayudara. Esa pobre viuda gritaba día y noche hasta que se le quedó ronca la voz. Le suplicaba hasta que se le secaron sus lágrimas. Le daba vueltas a su casa hasta dolerle los tobillos. En realidad, *no* aceptaría un no por respuesta. Hasta que por fin, un día, el juez cedió. «¡Muy bien!», le gritó el juez. «Haré bien las cosas por ti. ¡Solo deja de molestarme!».

«Ahora bien», les dijo Jesús a sus discípulos, «si ese juez injusto escuchó a esa viuda, ¿cuánto más los escuchará a ustedes su amoroso Dios? Oren mucho y nunca se rindan, sin importar cuánto tiempo le tome a Dios responder, pues pueden estar seguros de que un día lo hará».

MOTIVO DE ORACIÓN

Ora sin cesar

¿Alguna vez has sentido que Dios no escucha tus oraciones? ¡Debes creer que te escucha! Dios nunca te cerrará la puerta. Dios nunca te dará la espalda. Así que nunca dejes de orar. Sé igual que esa viuda, ¡ora mucho! Sigue dándoles vueltas a esas promesas, sigue haciendo esas oraciones y nunca jamás te rindas.

Querido Dios:
Ayúdame a ser como esa viuda en la historia que narró Jesús.
Ayúdame a orar, orar, orar, y nunca rendirme.
Amén.

Nunca dejen de orar.

1 TESALONICENSES 5:17, NTV

En el silencio

JUAN 17

Había silencio en el aposento alto. Las lámparas de aceite parpadeaban y las sombras crecían en la pared detrás de la mesa. Jesús y sus discípulos acababan de tener una cena maravillosa. Comieron pan y compartieron vino. Sin embargo, lo cierto es que no fue un momento alegre. «Cada vez que partan el pan o beban vino, piensen en mi cuerpo que se romperá por ustedes», susurró Jesús en voz baja.

Los discípulos estaban confundidos. ¿Qué significaba eso? ¿A dónde iba Jesús y cómo se rompería su cuerpo? Se acurrucaron juntos en silencio mientras Jesús se arrodillaba en el suelo a la luz de la lámpara. Tenía los ojos cerrados, la cabeza inclinada. Jesús hacía lo mismo de siempre. Le oraba a su Padre.

«Querido Dios», dijo Jesús. «La hora ha llegado. He ayudado a toda la gente para que te conozca a ti, el único Dios verdadero. Le traje el mensaje de la vida eterna al mundo. Terminé toda la obra que me encargaste que hiciera».

Jesús se volvió para mirar a sus discípulos y, después, comenzó a orar de nuevo. «Padre, ¿ves a estos buenos hombres que me diste? Han obedecido tu palabra. Creen que me enviaste.

Ahora, los dejo y voy a ir a ti. Pero estoy orando por ellos. Quédate con ellos mientras estén en el mundo. Mantenlos a salvo para que puedan ser una familia unida».

Jesús respiró hondo y se detuvo mientras las llamas de la lámpara parpadeaban de nuevo en las paredes del aposento alto. Luego, comenzó suavemente la última parte de su oración.

«Padre, no solo oro por estos discípulos, sino por todos los que en el mundo entero creerán en mí por su mensaje. Permite que todos los que escuchen sus palabras sepan que me enviaste, y que el mundo entero se una por completo como una familia maravillosa. Amén».

Ahora, estaba oscuro afuera; había llegado el momento de abandonar el aposento alto. Jesús nunca volvería a compartir la cena con sus discípulos. Sabía que pronto se lo llevarían y clavarían en una cruz. Sin embargo, Él estaba preparado. Jesús se levantó y salió a la luz de la luna.

MOTIVO DE ORACIÓN

¡Jesús ora por ti!

¿Sabías que en esa noche silenciosa cuando Jesús oró por todos en el mundo entero, Él oraba por *ti* también? La Biblia nos dice que Jesús está sentado a la derecha de su Padre en el cielo, donde ora por *ti*. Cierra los ojos y trata de escuchar esa canción de cuna, esa canción de oración que Jesús está cantando por ti. Es una oración que comenzó mucho antes de que te despertaras esta mañana, y durará mucho después de que te vayas a la cama esta noche. Es una oración que comenzó antes de que nacieras y continuará todos los días de tu vida. ¿Puedes escucharla? Jesús está orando por *ti*.

Querido Dios:
Qué maravilloso es saber que Jesús está orando por mí.
Ayúdame a pensar en eso cuando me despierto por la mañana,
y cuando me acuesto por la noche.
Amén.

Cristo Jesús [...] está a la derecha de Dios, rogando por nosotros.

ROMANOS 8:34, DHH

En el sepulcro

JUAN 20

Una brisa susurraba entre los árboles cuando María Magdalena entró de puntillas en el huerto. Era temprano en la mañana. El mundo estaba todavía oscuro, y María sentía una gran tristeza. ¿Cómo sucedió algo tan terrible? ¿Cómo podría ser que Jesús, cuyas palabras estaban llenas de bondad y amor, estuviera muerto? María no quería creerlo, pero sabía que era verdad. Solo tres días antes, ella lo vio morir en esa horrible cruz. Vio cómo bajaban su cuerpo, lo envolvían en vendas de lino y lo llevaban a esta silenciosa cueva en la ladera. María había corrido a casa y lloraba y lloraba. Se había sentido triste, sola e indefensa. Sin embargo, cuando esa mañana se despertó, María se dio cuenta de que había algo que podía hacer: podía traer especias para ponerlas en el cuerpo de Jesús.

María se dirigió hacia la cueva, pero de repente se detuvo. Habían rodado la enorme piedra que cubría la entrada. A María se le cayó el alma a los pies. Esto solo podría significar una cosa: alguien robó el cuerpo de Jesús. María se dio la vuelta y huyó de la cueva; tenía que decírselo a los discípulos.

Cuando Pedro y Juan se enteraron de la noticia, corrieron sin parar hasta llegar al sepulcro y, en silencio, vieron por sí mismos las vendas de lino dentro. ¿Qué sucedió aquí? ¿Dónde estaba Jesús? Ninguno de ellos podía entenderlo.

Cuando los discípulos se fueron a casa, María cayó de rodillas y sollozó.

—¿Por qué estás llorando? —dijo una voz detrás de ella.

—¡Se llevaron a Jesús! —exclamó María—. ¿Es usted el que cuida el huerto? ¿Sabe a dónde lo llevaron?

—María —susurró el hombre.

Cuando María escuchó su nombre, parecía como si la oscuridad de la mañana desapareciera de repente y el cálido sol brillara sobre ella. María se volvió hacia el hombre. ¡Este no era el hortelano! ¡Este era Jesús!

—¡Maestro! —gritó entre lágrimas, mientras el mundo entero cobraba vida a su alrededor.

Las flores danzaban a sus pies, los pájaros cantaban en los árboles, las mariposas volaban en el aire y María reía a carcajadas. ¡Su Señor estaba vivo! Fue la noticia más increíble, asombrosa y maravillosa que alguien pudiera desear escuchar, y María no podía esperar para contarla.

MOTIVO DE ORACIÓN

Solo confía

¿Te imaginas cómo se sintió María esa mañana? ¡Su corazón debe haber estado cantando! Sin embargo, ¿cómo crees que se sintió unos días antes, cuando arrestaron a Jesús y lo llevaron a la cárcel? ¿No crees que deba haber orado y orado para que liberaran a Jesús? Pero si esa fue la oración de María, la respuesta de Dios fue no, pues en lugar de que liberaran a Jesús de la cárcel, Dios tenía un plan mucho más maravilloso para Él. ¿Qué podría ser más sorprendente que Jesús resucitara de entre los muertos? Entonces, ¿qué haces cuando oras y la respuesta es no? Recuerda a María. Recuerda que los planes de Dios son buenos, y Dios sabe lo que es mejor, incluso cuando no entiendas lo que está sucediendo. Solo confía.

Querido Dios:
Cuando ore y la respuesta sea no, ayúdame a recordar que tus planes son siempre buenos, y que siempre sabes lo que es mejor. Ayúdame a confiar.
Amén.

Confía en el Señor con todo tu corazón; no dependas de tu propio entendimiento.

PROVERBIOS 3:5, NTV

En el aposento alto

HECHOS 1:14–2:47

Era temprano en la mañana cuando Pedro se despertó. Al igual que cualquier otra mañana, salió de la cama, desayunó y se puso en marcha por las estrechas calles de Jerusalén hacia el aposento alto. Mientras caminaba, Pedro pensaba en Jesús. La última vez que lo vio, hacía muchas semanas, a Jesús se lo llevaban al cielo en las nubes. Sin embargo, antes de irse, Jesús les hizo una maravillosa promesa a sus discípulos. «Quédense en la ciudad», les dijo Jesús, «y esperen el regalo que les dará mi Padre». Y eso es lo que Pedro había estado haciendo: esperar, junto con todos los demás discípulos. Como cualquier otro día ordinario, Pedro subió las escaleras hasta el aposento alto para esperar un poco más. No lo sabía entonces, pero cuando llamó a la puerta y entró, su día estaba a punto de convertirse en cualquier cosa, menos en ordinario: Pedro estaba a punto de tener la mayor sorpresa santa de su vida.

Estaba tranquilo y oscuro en el aposento alto. Los discípulos se saludaron y luego inclinaron la cabeza para orar, como lo hacían todas las mañanas. De repente, la quietud se rompió cuando un fuerte sonido vino del cielo. Al igual que el golpe de un poderoso viento, atravesó las puertas y ventanas, y llenó cada rincón de la habitación.

Los discípulos gritaron sorprendidos cuando las lenguas de fuego se extendieron y los tocaron a cada uno de ellos. Pero no se quemaban. En su lugar, los discípulos saltaron, abrieron la boca y se asombraron al descubrir que cada uno podía hablar en un idioma diferente. Este era el maravilloso regalo que habían estado esperando… ¡los discípulos estaban llenos del Espíritu Santo!

El sonido de sus voces emocionadas traspasó por las ventanas y salió a las calles de abajo, donde una gran multitud se reunió para ver lo que sucedía. La gente que había viajado a Jerusalén desde muchos países diferentes miraba con asombro al oír a los discípulos que hablaban en diferentes idiomas.

—¿Qué está pasando aquí? —gritaron.

Pedro se paró en los escalones del aposento alto y levantó la voz, con un valor para predicar que nunca antes había sentido.

—Hombres de Israel —gritó Pedro por encima del ruido de la multitud—. ¡Estamos llenos del Espíritu Santo de Dios! ¡Escuchen esto! Ya saben que Dios envió a su Hijo, Jesús, quien hizo milagros, señales y maravillas entre nosotros. Saben que a Jesús lo crucificaron, murió y lo enterraron. Después de tres días, ¡Dios resucitó a su Hijo para que todos pudiéramos ser salvos!

Un silencio se apoderó de la multitud mientras escuchaba las palabras de Pedro.

—¿Qué haremos? —gritaron.

—Llamen a Jesús —les dijo Pedro—. Pídanle perdón por todo lo que han hecho mal. Y serán salvos. También serán llenos del Espíritu Santo. Es una promesa para ustedes, para sus hijos y para todos los que se vuelvan al Señor.

Y lo hicieron. Tres mil personas cayeron de rodillas ese día y fueron bautizadas.

Pedro sabía que esto era solo el comienzo. Después de ese día, el maravilloso mensaje del amor de Dios para todos y la historia del poder de Jesús para salvar se extendería por todo el mundo. Un día que comenzó de manera tan ordinaria para Pedro resultó ser el día más extraordinario de su vida.

MOTIVO DE ORACIÓN

¡Espera las santas sorpresas de Dios!

Cuando Pedro se levantó de la cama en la mañana de Pentecostés, ¿crees que tenía alguna idea de lo que sucedería ese día? ¡De seguro que nunca se imaginó que el Espíritu Santo descendería como lenguas de fuego, ni que él sería capaz de hablar en un idioma extranjero, ni que tres mil personas llegarían a conocer a Jesús! Sin embargo, eso es lo que puede suceder cuando obra el Espíritu Santo. ¿Sabías que el don del Espíritu Santo es un don para ti también? Mientras oras, recuerda que el Espíritu Santo invisible de Dios estará trabajando en tu vida de maneras asombrosas. Y eso significa que puede pasar cualquier cosa, en cualquier momento y en cualquier lugar. ¡Mantente al tanto de las santas sorpresas de Dios!

Gracias, Dios, que el don de tu Espíritu Santo,
dado a los discípulos hace tanto tiempo, es también un regalo para mí.
Ayúdame a recordar que aunque tu Espíritu Santo es invisible, Él
está obrando en mi vida, esperando sorprenderme de maneras maravillosas.
Amén.

Ustedes [...] recibirán el don del Espíritu Santo.

HECHOS 2:38

En la ciudad

HECHOS 9:1–20

Saulo tenía una meta en mente, y nada lo detendría. Golpeó con fuerza su puño sobre la mesa y gritó en voz alta: «¡Déjame ir a Damasco, hoy! Les mostraré a los creyentes quién manda aquí. ¡Impediré que difundan sus mentiras sobre Jesús! Él *no* era el Hijo de Dios, y no resucitó. ¡Echaré a todos esos creyentes a la cárcel!».

El sumo sacerdote asintió con la cabeza. «Muy bien, Saulo», le respondió. «Márchate». Saulo ensilló su caballo, reunió a sus hombres y se puso en marcha al galope. El polvo volaba alto en el aire cuando los cascos de los caballos golpeaban el camino hacia

Damasco. Entonces, de repente, la luz más grande, brillante y deslumbrante que Saulo hubiera visto jamás abrió los cielos y brilló a su alrededor. Los caballos se alzaron de miedo, y Saulo cayó al suelo cuando una voz vino del cielo.

—Saulo, Saulo, ¿por qué estás luchando conmigo?

—¿Quién eres, Señor? —gritó Saulo.

—Yo soy Jesús, contra el que estás luchando. Ahora, levántate, ve a la ciudad y allí te dirán qué hacer.

Esta fue una noticia increíble para Saulo. Tambaleándose, se puso de pie y descubrió, para su horror, que estaba ciego. Anduvo a tientas en su oscuridad hasta que sintió la mano de uno de sus hombres. «Llévame a la ciudad», le dijo. «No puedo ver».

En una pequeña casa en Damasco, Saulo cayó de rodillas y oró como nunca antes lo había hecho. Ahora sabía que todo lo que había escuchado acerca de Jesús debía ser verdad. Qué equivocado había estado al tratar de encarcelar a todos los creyentes. Durante tres días, Saulo vivió en una oscuridad total. Hasta una mañana, cuando Ananías llamó a la puerta.

«Hermano Saulo», dijo Ananías en voz baja. «El Señor Jesús, que se te apareció en el camino, me envió a ti para que vuelvas a ver y seas lleno del Espíritu Santo». Al tocar la mano de este hombre, Saulo abrió los ojos y se alegró al descubrir que podía ver de nuevo. Se levantó de un salto, se bautizó y salió directo a las calles y sinagogas de la ciudad, dispuesto a predicarles las buenas nuevas de Jesús a todos los que le escucharan.

Saulo tenía una nueva meta ahora. Era un hombre cambiado. Saulo, que odió a Jesús, se convirtió en Pablo, que amaba a Jesús. Pasó el resto de su vida viajando por todo el mundo, alentando a otros, escribiéndoles cartas a las iglesias, predicando y orando por los creyentes en todas partes. Y aunque naufragó, lo encarcelaron por su fe, lo golpearon, pasó hambre y sufrió las burlas, Pablo nunca perdió de vista su meta: decirle al mundo entero la maravillosa verdad sobre Jesús.

MOTIVO DE ORACIÓN

Que tus metas sean las metas de Dios

¿Notaste cómo Pablo cambió sus metas en la vida después de conocer a Jesús? Pablo decidió dejar que sus metas fueran las metas de Dios. Eligió usar los dones y talentos que Dios le dio para marcar una diferencia en el mundo. ¿Sabías que a pesar de que Pablo murió hace dos mil años todavía está logrando las metas que se propuso? La Biblia contiene las cartas que Pablo les escribió a las iglesias hace tantos años, y así sus palabras *siguen* llevando a la gente a Jesús. Algo poderoso sucede cuando nuestras metas en la vida son las metas de Dios para nosotros también. ¿Crees que eres demasiado joven para tener metas en tu vida? ¡No lo eres! Cuando ores, pídele a Dios que te muestre cuáles podrían ser sus metas para tu vida, y después pídele que te ayude a alcanzarlas. Juntos, formarán un gran equipo, y también podrán marcar la diferencia en el mundo.

Querido Dios:
Por favor, muéstrame cuáles son tus metas para mi vida.
Ayúdame a descubrir los dones y talentos que me has dado, para
que pueda usarlos de la manera que tú quieres que lo haga.
Amén.

Sigo avanzando hacia la meta para ganar el premio que Dios ofrece mediante su llamamiento celestial en Cristo Jesús.

FILIPENSES 3:14, NTV

Por el río

HECHOS 16:11–15

Lidia dobló la última pieza de tela de púrpura y la dejó con cuidado junto a su silla. Era cara. La vendería en el mercado al otro día, pues ahora mismo tenía asuntos más importantes que atender. Ella necesitaba orar.

Lidia cerró la puerta de su casa y bajó al río, donde sabía que sus amigos la estarían esperando. Este era un hermoso lugar para orar juntas. El sonido del agua corriendo mientras caía sobre las piedras, y la vista de los sauces que colgaban sobre la orilla siempre ayudaba a Lidia a sentirse cerca de Dios. Después de todo, era su creación.

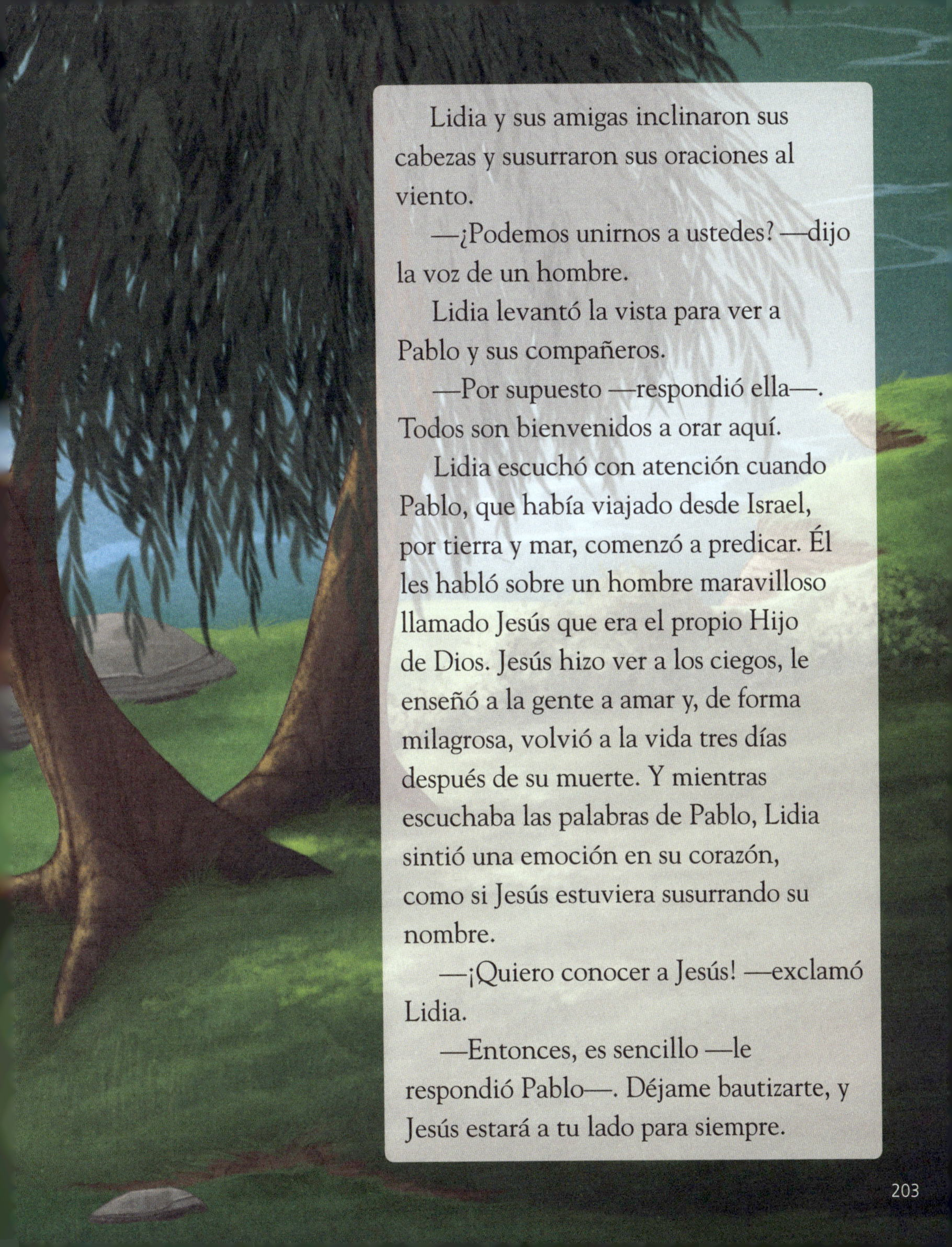

Lidia y sus amigas inclinaron sus cabezas y susurraron sus oraciones al viento.

—¿Podemos unirnos a ustedes? —dijo la voz de un hombre.

Lidia levantó la vista para ver a Pablo y sus compañeros.

—Por supuesto —respondió ella—. Todos son bienvenidos a orar aquí.

Lidia escuchó con atención cuando Pablo, que había viajado desde Israel, por tierra y mar, comenzó a predicar. Él les habló sobre un hombre maravilloso llamado Jesús que era el propio Hijo de Dios. Jesús hizo ver a los ciegos, le enseñó a la gente a amar y, de forma milagrosa, volvió a la vida tres días después de su muerte. Y mientras escuchaba las palabras de Pablo, Lidia sintió una emoción en su corazón, como si Jesús estuviera susurrando su nombre.

—¡Quiero conocer a Jesús! —exclamó Lidia.

—Entonces, es sencillo —le respondió Pablo—. Déjame bautizarte, y Jesús estará a tu lado para siempre.

Ese mismo día, Lidia y todos los miembros de su hogar se bautizaron en las purificadoras aguas del río, y después de eso, cada vez que Pablo y sus compañeros viajaban a Filipos, se quedaban en la casa de Lidia. Y todos los días, cuando Lidia iba al río a orar, recordaba el maravilloso día en el que se bautizó, el maravilloso día en que llegó a conocer a Jesús.

MOTIVO DE ORACIÓN

La oración nos acerca a Dios

¿Tienes un lugar especial para orar como lo tenía Lidia? ¿Hay algún lugar en el que te sientas cerca de Dios en especial? Donde sea que ores, debes saber una cosa maravillosa: tus oraciones nunca mueren jamás. Viven para siempre ¿Esas oraciones que Lidia susurró junto al río? Las llevaron al cielo, donde resuenan en la eternidad. ¿Esas oraciones que dijiste ayer? No han desaparecido. Duran para siempre. ¿Esas oraciones que tus padres y abuelos oraron por ti antes de que nacieras? Duran y duran de generación en generación, acercándonos cada vez más a Dios, ¡qué maravilloso es eso!

Querido Dios:
Muchas gracias que cuando oro, me acerco cada vez más a ti.
Qué asombroso es pensar que mis oraciones nunca se pierden,
ni desaparecen. Y aunque es difícil de entender para mí,
gracias porque mis oraciones nunca mueren,
sino que duran para siempre.
Amén.

Acérquense a Dios,
y él se acercará a ustedes

SANTIAGO 4:8

En la cárcel

HECHOS 16:22–35

Desde lo profundo de la prisión llegó el dulce sonido del canto. Se hacía eco a través de la fría, húmeda y oscura cárcel, viajaba a lo largo de los pasillos y se deslizaba por las cerraduras de cada celda. Todos los prisioneros que escuchaban ese dulce sonido se quedaban asombrados. Se recostaban sobre sus esteras, escuchando maravillados. Este no era el sonido que escuchaban a menudo. Esa fría, oscura y húmeda cárcel solía estar llena de sonidos de llantos, gritos, lamentos y gemidos. Sin embargo, esta noche no. Esta noche era diferente. Pablo y Silas, esos dos hombres que creían en Jesús y no dejaban de hablar de Él, cantaban oraciones y alabanzas a Dios a voz en cuello. ¿Cómo podían hacer eso cuando estaban en un lugar tan horrible? Ya les habían arrancado la ropa, golpeado y torturado. Los llevaron a la parte más profunda de la cárcel y los arrojaron a la mazmorra. Sin embargo, en lugar de estar llenos de autocompasión, ¡se encontraban llenos de paz! No tenía sentido.

El milagro ocurrió a la medianoche. Un violento terremoto sacudió la cárcel. Estremeció cada piso y cada habitación. Se abrieron todas las puertas de hierro y se cayeron todas las cadenas pesadas. ¡Los prisioneros eran libres! El carcelero que vigilaba a Pablo y Silas sabía que estaba en un gran problema. Sacó su espada, listo para quitarse la vida, pero Pablo gritó:

—¡No, no! ¡No hagas eso! No vamos a huir. Estamos aquí mismo.

—¡Enciendan unas luces! —gritó el carcelero mientras corría para ver lo sucedido. Temblando de pies a cabeza, el carcelero cayó de rodillas frente a Pablo y Silas, y les dijo—: Díganme qué necesito hacer para ser salvo.

—Cree en el Señor Jesús —le dijo Pablo en voz baja—. Entonces, así tú y tu familia serán salvos.

El carcelero no perdió ni un minuto. Llevó a Pablo y Silas a su casa, y les lavó las heridas con suavidad. Y aunque todavía era de medianoche, el carcelero, su familia y todos los que vivían en su casa se bautizaron.

Más tarde, Pablo y Silas se sentaron con todos a la mesa del carcelero. Compartieron una deliciosa comida juntos, hablaron sobre Jesús y contaron la increíble historia de lo que sucedió esa noche. La habitación entera, y los corazones de todos, se llenaron de alegría.

MOTIVO DE ORACIÓN

Alaba a Dios, ¡pase lo que pase!

Es difícil imaginar algo peor que te golpeen y te arrojen a una oscura cárcel. Sin embargo, a pesar de esa terrible situación, Pablo y Silas decidieron orar y cantar. ¿Y sabes lo que pasó? En lugar de estar llenos de miedo, Pablo y Silas sentían mucha paz. La vida puede estar repleta de desafíos; las cosas pueden salir mal y, a veces, suceden cosas malas. Aun así, Dios está con nosotros a través de todo, esperando sostener nuestra mano durante cada tormenta, esperando traernos su paz. Y si logras alabar a Dios, incluso en tiempos difíciles, la maravillosa paz de Dios será tuya.

Querido Dios:
Gracias que sin importar lo que pueda atravesar, siempre estás ahí, extendiéndome la mano, listo para darme tu paz. Ayúdame a alabarte, pase lo que pase.
Amén.

No se inquieten por nada; más bien, en toda ocasión, con oración y ruego, presenten sus peticiones a Dios y denle gracias. Y la paz de Dios, que sobrepasa todo entendimiento, cuidará sus corazones y sus pensamientos en Cristo Jesús.

FILIPENSES 4:6–7

En la isla

APOCALIPSIS 3:7–8; 5:11–13; 21

Juan era un hombre muy viejo. Cerró los ojos y pensó en todo lo que había sucedido en su vida. Recordó ese día, hace mucho tiempo, cuando Jesús lo llamó a él y a su hermano mientras remendaban sus redes de pesca en la orilla del mar. Recordó todos los maravillosos momentos que había pasado con Jesús, y todos los milagros increíbles que había visto.

Nunca olvidaría cómo Jesús alimentó a cinco mil personas hambrientas con un pequeño almuerzo, cómo calmó la tormenta con un susurro y cómo curó a Bartimeo el ciego sin siquiera tocarlo. Recordó esa terrible noche en la que se llevaron a Jesús y lo crucificaron, y cómo, tres días después, resucitó. ¡Qué asombroso fue esto! Pero todo eso fue hace mucho tiempo. Juan estaba solo por completo, enviado lejos a esta isla debido a su fe.

Juan cerró los ojos. ¿Estaba soñando ahora? ¿Era ese un ángel lo que podía *ver*? ¿Y de quién era esa voz que sonaba como una trompeta detrás de él?

«Juan», dijo la voz. «No tengas miedo. Yo soy el Primero y el Último, el Principio y el Fin, el que estuve muerto, pero que ahora vivo por los siglos de los siglos. Escribe todo lo que veas».

Juan miró asombrado cuando una puerta se abrió delante de él. Era la misma puerta al cielo. Y allí, en el trono, estaba sentado uno que brillaba como una joya, rodeado por un arcoíris y un brillante mar de cristal. Mientras Juan miraba, miles y miles de ángeles volaban alrededor del trono, cantando con todas las criaturas del cielo y de la tierra:

Al que se sienta en el trono, denle honra, alabanza y poder.

Al que se sienta en el trono, cántenle gloria día y noche.

«¡Yo hago nuevas todas las cosas, Juan!», gritó el que estaba sentado en el trono. «Y en este nuevo y maravilloso lugar, Dios vendrá a vivir con su pueblo. No habrá más llanto, ni más tristeza, ni más dolor». Juan apenas podía creer lo que veía con sus ojos cuando observó un nuevo y glorioso cielo, donde las brillantes calles estaban hechas de oro y las murallas brillaban con joyas. Las puertas del cielo estaban abiertas de par en par para que entrara todo el pueblo de Dios, y allí no había noche ni oscuridad, pues la brillante luz de Dios se derramaba y llenaba cada espacio.

«Mira que vengo pronto, Juan», dijo la voz de Jesús.

Juan abrió los ojos, sacó su pergamino y escribió todas las cosas maravillosas que había visto y oído. Y la última palabra que escribió Juan es la que decimos al final de todas nuestras oraciones:

Amén.

MOTIVO DE ORACIÓN

Dios comienza donde terminan nuestras oraciones

¿Sabes lo que significa «amén»? Significa «que así sea» o «es verdad». Usamos amén para terminar nuestras oraciones, ¿pero sabes qué? El final de una oración siempre es solo el comienzo. Es el comienzo de un sueño. Es el comienzo de un milagro. Es el comienzo de una promesa. ¡Dios comienza donde terminan nuestras oraciones! Cuando Dios escucha nuestras oraciones, ya sea que las digamos en voz alta o en nuestra mente; ya sea que estemos en la iglesia o en la casa; ya sea que estemos arrodillados o parados, Dios comienza su maravillosa obra en nuestras vidas y en el mundo. El que se movía sobre la creación al principio de todos los tiempos también se mueve sobre tu vida, esperando escuchar y responder tus oraciones. Así que recuerda orar mucho, encierra en un círculo tus sueños, nunca te rindas y, sobre todo, recuerda que nuestro gran Dios está contigo, velando por ti, cumpliendo sus promesas y escuchando cada petición de tu corazón. Amén.

Asombroso Dios: Gracias por este libro que tengo. Gracias por esta vida que vivo. Gracias por el maravilloso conocimiento de que estás aquí a mi lado mientras oro. Guíame todos los días, más y más cerca de ti. Y cada plan y propósito que tengas para mi vida, que así sea. Amén.

Dios, quien comenzó la buena obra en ustedes, la continuará hasta que quede completamente terminada el día que Cristo Jesús vuelva.

FILIPENSES 1:6, NTV